Adama Ouattara

De la pauvreté à la richesse TOME 1

Adama Ouattara

De la pauvreté à la richesse
TOME 1

Éveil de conscience jusqu'à l'atteinte du plein potentiel

Éditions Muse

Imprint

Cover image: www.ingimage.com

Publisher:
Éditions Muse
is a trademark of
Dodo Books Indian Ocean Ltd. and OmniScriptum S.R.L publishing group

120 High Road, East Finchley, London, N2 9ED, United Kingdom
Str. Armeneasca 28/1, office 1, Chisinau MD-2012, Republic of Moldova, Europe
Printed at: see last page
ISBN: 978-620-4-96370-9

PREFACE

Ce document est le TOM 1 de tout un enseignement spirituel; pour faciliter la compréhension de certains eignement j'ai maquillé en histoire afin de permettre à tout le monde de pouvoir comprendre facilement certaines choses. La majeur partie de ces histoires sont vrai et vécu par certaines personnes que j'ai préféré de garder l'anonymat pour plusieurs raisons, je l'ai remercie énormément pour les soutiens qu'ils m'ont accordés dans la rédaction de ce document je remercie également Mr COULIBALY Brahima, Mr COULIBALY Issa, Mr BONI Patrice, Mr KABORE Issoufou, Mr OUEDRAOGO Abdoulaye, Mr TRAORE Harouna, Mr DIAKITE Kassoum le village de SAYAGA Mr LAMIZANA Jean Kevin et Mme ZONGO Mariam.

Avant tous propos il faut savoir que le temps est divisé en trois grands partis, le temps passé que nous ne pouvons plus rattraper et à force de penser à ce temps sans avoir la maitrise de nos pensées nous serons plongés dans une souffrance atroce qui nous tuera à petit feu. Ensuite nous avons le temps présent qui ne dure qu'un instant et sombre dans le passé, ce temps est bénéfique pour ceux ou celle ayant le désire de savouré la vrai valeur de la vie car nous pouvons utiliser ce temps pour effacer notre passer sombre ou pour crée notre futur. Enfin nous avons le temps futur qui s'approche à grand pat pour rejoindre le présent afin de sombrer dans le passé. Il faut comprendre que ce temps est plein d'imagination pour une personne qui n'est pas stable mentalement. Ce roman n'est pas ordinaire car il voyage dans les trois temps non seulement pour masquer certaines compréhension mais pour permettre aux lecteurs a ce concentré au maximum afin de déceler les secret dissimuler entre les lettres. Il faudra donc avoir une pensée stable pour décrypter tous les informations et enseignements divulgués car tous les imaginations et les souvenirs incontrôlé lors de la lecture vous ferrez perdre un temps crucial, il faudra donc vous laisser aller en étant concentré pour sortir avec les secret qui seront énumérer. Le stylo peut être utilisé pour écrire de belle poème tout comme utiliser pour écrire des messages de dénigrement tout dépend de l'utilisateur l'intention primaire qui a été utiliser dans la rédaction de ce document a été basé sur l'amour et le partage. Via les informations reçus des deux dimensions (spirituels et physique les secrets tans jalousement gardés par certaines minorité assoiffée de désir de dominations verront le jour dans la vie des personnes qui pourront bien comprendre les informations et secrets divulguer ici afin de les permettre d'être les maîtres de leurs vie et non les esclaves du temps modernes. Ces secret étaient garder par ces personnes il y a des centaines d'années et via ca ils ont monopolisé la plus part des richesses du cette planète et veulent conquérir d'autre, tous les personnes ayant la volonté de changer le cours de sa vie devra se concentrer au maximum à la lecture de cette premier parties et commencer à pratiquer les enseignements donner. Vous serez les premiers témoins de ce changement brusque et souvent brutal qui se manifestera dans votre vie le TOM 2 du document viendra en appuis pour vous faire sortir de cette mensonge perpétuelle qui continuent de détruire la vie de plusieurs personne tous simplement parce que certaines personnes dépositaire de ces secret n'ont pas pu se libérer de leurs égo

De la pauvreté à la richesse

Ce jour 18 août 2034 marque mon retour dans l'état de RICAN épuisé j'ouvre la porte de ma chambre pour me reposer quand tout à coup je reçois l'appel de mon compagnon Charles qui voulait m'inviter afin de prendre des nouvelles sur mon voyage dans la République de CERAN. Je lui fais savoir que j'étais fatiguée mais je vais honorer ce rendez-vous de 20h mais avant il me faut une sieste, Charles l'accepta et j'en profite pour prendre un bain chaud qui prendra quelques dizaines de minutes.

Vers 19h35 une voix me réveil apeuré je me lève brusquement du lit et j'allume la veilleuse, je regarde de gauche à droite mais personne je me suis dit que c'était peut-être une hallucination. Je me lève et j'ouvre ma garde-robe et j'enfile ma robe rose acheter à CERAN puis je commence à me maquiller quand tout à coup le clackson d'une voiture raisonne je regarde par la fenêtre et je vois Charles arrêté près de sa voiture, je prends rapidement mon sac pour le rejoindre.

Arrivé près de la voiture il me sert très fort contre lui en me faisant savoir que je lui avais manqué, nous entrons dans sa voiture et prenons la direction du café restaurant PLATINIUM situé à 1.5km de mon appartement. Quelques minutes plus tard je demande à Charles de s'arrêter à la marcket car je devais faire des provisions il accepta nous rentrons ensemble j'ai acheté la pâte de tomate, le spaghetti etc. Puis nous reprenons la route.

Arrivé au restaurant je suis surprise de ce que je vais voir, Charles avait organisé une petite fête pour moi j'étais très contente de son action, les musiciens venus spécialement pour ça commençaient à nous faire plonger dans l'univers d'amour, le restaurant était devenue un concert tous les personnes présentes commencèrent à danser les amoureux étaient collé deux a deux, c'était merveilleux ce qu'il avait fait, je lui dis et il m'embrasse aussitôt. Plus tard nous prenons place et le service de restauration vient prendre notre commande, Charles m'informa que sa sœur RICHA avait eue des complications lors de son accouchement et son bébé n'avait pas survécu, cette mauvaise nouvelle me plongea dans un labyrinthe sombre de souvenirs qui m'a hanté toute ma vie je ne pouvais plus tenir longtemps j'ai essayé de résister mais c'était plus fort que moi j'ai donc décidé qu'il m'amène à la maison car je me sentais pas bien, il me dis de me lever pour qu'il m'amène chez un médecin, je l'informe que c'est mes souvenirs passé qui on refait surface et que j'ai besoin d'aller à la maison. Il sut automatiquement que c'est la mauvaise nouvelle qu'il venait de m'annoncer qui m'a mis dans cet état. Il place tout doucement sa main sur mon épaule et me demande de l'excuser car il avait complétement oublié que je m'étais pas totalement remis de ça, je lui dis que ce n'était pas sa faute si je n'arrive pas a laissé ce passé sombre de ma vie et j'ajoute que je ferai de tous mon possible pour laisser ce passé ou il devrait être pour que ma vie soit la plus belle possible.

Nous prenions la route de la maison, dans la voiture je fixais mon regard sur les panneaux de publicité qui défilaient tous le long de la voie sans que ma pensée y est, pendant quelques minutes j'entends une voix qui m'appelle HANNA nous sommes arrivé, je reviens a moi car ma pensée était en divagations, je me retourne et c'était Charles je descends de la voiture et il me propose de rester avec moi ce soir car il trouvait que je n'étais pas moi-même, je lui dis que ça va aller je lui fais une bise et je rentre dans mon appartement arrivé dans ma chambre je me déshabille et j'enfile ma robe de nuit avant de me coucher.

Allongé sur le lit un sommeil brusque m'emporta mes membre devenue lourd je commençais à ressentir des fourmillements partout le long du corps j'ai essayé de résister mais Impossible je me laisse allé dans un sommeil qui me plonge dans un rêve dans les années 2013 soit 21 ans avant. Dans le rêve je voyais une dame nommé SORAYA de nationalité RICAIN l'État où je réside actuellement, SORAYA était une d'âme charmante d'environ 180cm d'une beauté et d'une forme qui faisait rêver les hommes assoiffé de satisfaire leurs désire. Elle était aussi nommée dame de lumière par certaines personnes car elle éclairait tous les sentiers où elle passait par les sourires capables de tué et l'amour qu'elle partageait autour d'elle. Soraya était en couple avec TIGUI lui aussi de nationalité RICAIN, il était cheminot qui passait la moitié de son temps dans les trains. Ils se sont rencontrés la première fois lors d'un voyage de Soraya et petit à petit ils ont fait connaissance qui s'est soldé sur un mariage. Enceinte de deux mois et demis Soraya faisait ses voyages de commerce international chaque moi dans le domaine vestimentaire, ce qui la conduisait dans plusieurs pays où la mode était au cœur de la culture Pour ces affaires.

Un mardi au environ de deux heures du matin Soraya reçois un appel l'informant du supposé décès de Tigui suite à une attaque terroriste qui a visé leur trains mais les recherches se poursuivent pour bien identifié les corps sans vie retrouvé sur le lieu car la plupart d'entre eux étaient calciné. Comme une bombe qui venait de dévaster tous sur son passage les larmes commencèrent à coulés comme des vagues de volcans qui s'abattaient sur une personne, elle se dit que Tigui n'est peut-être pas parmi les morts mais s'il n'était pas parmi eux les autorités allaient le savoir !! Pourquoi Tigui pourquoi ? C'est ce qu'on s'était dit le jour du mariage ? Qui va m'aider à prendre soin de notre enfant ? Cette nuit était devenu sombre et longue elle se mit a prié jusqu'à s'endormir. Le matin elle se réveille et part immédiatement allumé la télé pour suivre les informations. Quelques minutes plus tard les vidéos de l'attaque terroristes sont diffusés par les chaînes télévision de la localité de CERAN l'attaque a eu lieu près d'un banlieue de KINA qui était victime de plus en plus des attaques d'hommes armé non identifié ce qui a causé plusieurs million de déplacer, la mauvaise gouvernance de ce pays a entraîné la perte de plus de 40% du territoire les autorités politiques religieux coutumière et militaires étaient presque tous corrompu à tel point qu'ils étaient capables de prendre de l'argent a certaine puissance étrangère pour livrer des informations secrète du pays.

L'attaque aurai eu lieu au environ de une heure du matin selon les informations recueillis les personnels ont informé les autorités du pays de KINA de l'attaque c'est vers les quatre heures du matin après l'attaque que les autorités et forces de l'ordre étaient venus sur le lieu et c'était trop tard pour les personnes qui pourraient être sauvé. Certaines personnes auraient été capturé d'autre qui avaient essayé de s'enfuir ont été tués froidement et la plupart des personnels du train ont été décapité et brûlé, certains passagers du train sont restés dans le train, apeurer il a eu aussi des enlèvements parmi eux. Les enquêteurs venue sur le lieu ont attribué la responsabilité de l'attaque a un groupe terroriste appelé ZAKAI qui semai la terreur dans le pays depuis plus de sept ans il y'a eu des personnes qui ont été enlevés par force, les corps des personnes qui ont été brûlé vif ont été transportés dans les hôpitaux spécialisé a l'identification génétique, les blessé transportée urgemment dans les soins de santé les plus proches. Les patrouilles militaires dépêchées sur le lieu commencèrent la poursuite des terroristes. Soraya éteint la télévision et essaie de rentrer en contact avec sa sœur a Rican mais le réseau n'était pas de bonne qualité.

Des jours passèrent sans information qui attestera que son mari Tigui était soit vivant soit mort lors de l'attaque les chances de le revoir s'amenuisaient de plus en plus mais elle gardait toujours espoir. Elle prend son sac à main pour aller faire des courses dans la boutique de Ziga arrivé sur le lieu la boutique était bondé elle salut Ziga et se faufile dans les rangés des condiments pour choisir ce qu'elle avait besoin pour les jours à venir. Quelques minutes plus tard le media T.V BK1 diffuse les derniers informations de l'attaque du train, le vacarme qui régnait dans la boutique fait place à un silence de mort tout le monde fixait le regard sur la télévision qui diffusait les informations, quand tout à coup Soraya tombe évanoui lorsque la présentatrice affirma que la plupart des survivant de l'attaque du train qui avaient réussi à fuir ont été retrouvés mort dans des fosses communes a quelque dizaines de mètres du lieu. Les clients venue pour des achats accoururent près d'elle pour la mettre dans une bonne position afin qu'elle puisse respirer, chacun faisait de son mieux pour l'aider trois minutes plus tard elle revient à elle et commence à pleurer, Ziga la demande ce qu'elle avait sans réponse les minutes passèrent sans que quelqu'un puissent savoir ce qu'elle avait les imagination défilèrent dans la pensée des clients présente mais plus tard elle pût sortir une phrase de sa bouche ``TIGUI mon mari est mort le seul espoir que je gardais c'était qu'il puisse s'enfuir mais ils viennent dire qu'ils sont tous mort'' l'ambiance qui était dans la boutique commençait à sombré dans le néant les femmes qui étaient présentes n'ont pas pût retenir leurs larmes Ziga essaie de la réconforter et une délégation se mobilisent pour l'aider à rentrer chez elle en toute sécurité car vue son état émotionnel cela pourrait jouer sur elle a tel point que son enfant sera affecté elle était enceinte de trois mois environ.

Arrivé à la maison Soraya commence à préparer ses valises pour rentre à Rican chez sa sœur qui vivait dans la maison familiale après le décès de leurs parents il y'a de cela cinq ans. Pendant ce temps les autorités de Kina continuaient leurs enquêtes pour connaître les auteurs de l'attaque et rechercher d'éventuels survivants. Vers treize heures du soir Soraya était déjà prête elle se dirige a la gare Maya pour rentrer chez elle. Ils doivent faire escale dans la République de Ceran pour prendre un autre bus pour Rican car il n'y avait pas de trajet direct en plus de la grippe qui faisait rage dans certaines localités, à partir de quinze heures du soir le bus démarre chacun prend place Soraya s'assoit au fond du bus, à quelques dizaines de kilomètres les ruisseaux de larme commencèrent à couler sur la figure de la charmante dame qui n'arrivait toujours pas à contrôler ses émotions la tristesse était plus forte qu'elle, peu de temps après elle tombe dans un sommeil. Les autorités de la République de Ceran avaient fermé leurs frontières terrestres aérienne et maritimes un jour plus tôt sauf les produits alimentaires et médical pouvait rentrer dans le pays à cause de la grippe rouge qui touchait la région certaines personnes faisaient tous pour violé l'interdiction quand a Soraya elle ne savait pas car vue la situation qu'elle venait de vivre elle n'a pas eu le temps de chercher des informations avant de se déplacer. La République de Ceran a enregistré en ce jour plus de 2306 décès due à la grippe rouge les chercheur de tout le monde travaillaient pour trouver un vaccin et un sérum a cette maladie qui a tendance à se généraliser dans le monde. A quelques kilomètres de la frontière de la République de Ceran les véhicules de toutes marque confondu étaient aligné et stoppé les gens défilaient par ci par là le désespoir se faisait remarquer sur le visage de certaines personnes ceux qui avaient un peu les moyens retournait ou trouvaient un moyen pour rentrer à Ceran clandestinement.

Réveillée par le bruit des moteurs et les manifestations colérique des voyageurs Soraya décide de descendre pour s'informer de ce qui se passait, lorsqu'elle descend du bus elle aperçoit une immense foule et des bus et voitures étaient arrêté en fil indien a quelques kilomètres de la frontière de la République de Ceran elle demande a un passant qui l'informe que les autorités de Ceran ont fermé leur frontière pour cause de grippe rouge et il était compliqué de rentré à Ceran jusqu'à nouvelle ordre. Cette mauvaise nouvelle vient de s'ajouter à la succession de mauvaise nouvelle enregistrée ces deux derniers jours par la bonne dame qui cria qu'ai-je fait mon Dieu pour mériter tout ça ? Tu m'as pris mon Tigui et tu refuses que j'aille organiser ses funérailles ! Elle se mit à pleurer le conducteur du bus qui voyait ce qui se passait toucher par ce qu'elle venait de dire descend et essaie de la parlé en la disant que c'était pour une courte durée et l'aida à monter dans le bus. La situation reste la même quelques heures plus tard d'autres tente par appel ou par les radios de prendre les informations sur la situation a Ceran mais hélas seul les problèmes de la pandémie qui continuait de faire des ravages dans les familles préoccupait les autorités de la localité. Deux, trois plus de cinq jours écoulés sans amélioration de la situation certaines personnes décide de suivre des passants pour rentrer illégalement à Ceran contre quelque pièces d'argent, Soraya décide de faire de même. Elle rejoint deux personnes sensé l'aider à rejoindre Ceran avant la levée de la fermeture de la frontière Après quelques heures de long marche épuisé Soraya demande de faire une petite pause pour récupérer un peu d'énergie vue son état et la fatigue emmagasiner les jours précédents il se repose près d'un grand arbre. Pendant ce temps les enquêtes continuaient à kina les corps qui avaient été calciné ont été transportés dans les laboratoires médicaux légal pour une identification tous la majeure partie des médecins spécialisé dans ce domaine étaient indisponible à cause de la pandémie de grippe rouge ce qui faisait ralentir considérablement l'avancé de l'enquête mais il y'a eu quelques-uns qui on put faire le déplacement pour réaliser le travail. Après quelques minutes de repos la traversée reprend ils ne pouvaient pas durée encore plus car la route était encore long, le craquement des branches et feuilles mortes sous les pieds le chant des oiseaux les accompagnait dans cette forêt qui continue à être touffue de plus en plus. A environ deux kilomètres du fleuve Kambe les pats des passants ralentissait de plus en plus Soraya les demandes ce qu'ils avaient un répondit de la fermé pris peur elle voulait s'enfuir ils l'attrapent et la dépouille de tous ce qu'elle possédait comme bien ensuite ils l'a déshabille par force et la viole a tours de rôle, plusieurs minutes après leur départ puis après elle est laissé moitié nue traînant a terre les yeux remplis de larme elle ne voyait plus de sens à sa vie. Elle resta coucher jusqu'à la tombée de la nuit la douleur du bas ventre due au viole diminuait et reprenait d'un moment à l'autre elle forçait de tenir le coup mais c'était plus forte qu'elle. Le matin elle fut réveillée par le Chant de quelques oiseaux qui était sur une branche au-dessus de sa tête elle prend son courage malgré les douleurs et prend une petite branche sur lequel elle va s'appuyer pour marcher peut être par chance elle rencontrera un bon samaritain qui l'aidera, il ne restait que deux kilomètres avant le fleuve Kambe qui reliait Ceran a Rican petit à petit elle s'appuyait sur son troisième pied pour avancer lentement et sûrement quand les douleur reprennent elle cherche un coin pour s'assoir quand elle se dissipe elle reprend la route, quelques heure plus tard fatiguée et affamé elle s'assoit près d'un arbre mort le soleil était au zénith la vision de la charmante dame commencèrent à être flou elle décide de se reposer puis s'endorme. A Ceran la grippe continuait de faire des ravages les corps sortait des hôpitaux personne ne pleurait longuement ses morts chacun attendait son tour car le désespoir avait envahi les esprits les contaminations augmentaient de jour en jour-là situation dans les hôpitaux étaient devenues chaotique le nombre des personnels de santé diminuait également de plus en plus les bouteilles d'oxygène que utilisait les malades diminuait d'autres personnel de santé refusait de repartir à l'hôpital car ils en pouvais plus la maladie était devenu incontrôlable et les autorités qui passaient leur temps à ne faire que la politique au lieu d'essayer de trouver des solutions au problème actuelle. Les familles riche ont acheté des bunkers pour se mettre à l'abri contre d'éventuelles contamination extérieur la plus part d'entre eux ont fait des provisions de plus de un mois et demie.

A son réveil le soleil rentrait de son voyage Soraya continue son repos et envisage de passer la nuit mais d'abord il faut qu'elle s'alimente, le seul aliment qu'elle avait était quelque fruits ramassé et des feuilles de basilic qu'elle devrait mélanger pour se nourrir, ce n'était pas facile pour une femme enceinte d'être dans cette situation mais elle arrivait à avoir la tête haute. Elle balais les feuilles mortes avec la branche qu'elle tenais le côté droit de l'arbre morte et s'assoit, Soraya commence à chanter à voix douce en regardant le coucher du soleil. A quelques kilomètres de là, à Kina les enquêtes continuaient et des témoignages faisait jour des habitants ayant entendu des coups de feu le jour de l'attaque et qui sont sortis pour savoir ce qui se passé ont donné des informations cruciaux qui pourrait aider l'avancé de l'enquête, les identifications des calcinés continuait également selon certaines informations il aurait la complicité de certains autorité du pays qui ont donné des informations ce qui à faciliter l'attaque du train. Mais qui sont ces fautif qui ont trahit le pays ? Qu'est ce qui les a poussés à commettre cet acte ? Toutes ces questions continuaient à défilé dans la pensée des populations de la localité. Après un long sommeil Soraya se réveil au environ de cinq heures du matin il faisait encore sombre là où elles était-elle prend son courage et prend sa pagne qu'elle avait étaler pour se coucher dessus et avec son troisième pied et reprend la route, elle était à quelques centaines de mètres du fleuve Kambe, elle se précipita pour vite arrivé afin de rencontré au moins une personne qui pourra l'aider en la donnant à manger et quelques vêtements a porté, en route elle aperçoit un cobra royal qui là fixait les yeux brillaient a mille étoiles elles le regard aussi sans avoir un sentiment de peur. Soraya avait complètement changé, une femme douce pleine d'amour et de sentiments qui commençait à être insensible à tout, peu de temps après le cobra prend sa route et elle aussi jusqu'au niveau ou elle voit une lumière devant elle et le son du ruissellement de l'eau l'air avait changé d'odeur et était plus frais un sentiment de liberté se faisait ressentir en ce moment elle atteint ce niveau et voit une vaste étendue de plage près d'un fleuve mais personne n'y était présent sur le lieu, elle se débrouille pour atteindre la bordure et se précipite pour se désaltérer, après elle s'assoit sur un rocher pour enlever les épines qui étaient accroché en elle puis profite de prendre un bain . Quand elle finit elle ressort et se place près de la rive en attendant un éventuel villageois qui viendra s'approvisionner afin de lui demander de l'aide. Quelques heures plus tard un chasseur venue pour remplir sa gourde aperçoit la dame enceinté seul couché sur le côté les pieds enflé il s'approcha prudemment pour voir son état et trouve qu'elle dormait, il essaie de la réveiller en la tapotant mais rien pour ne pas prendre de risques inutiles il se précipite aller chercher des secours au village. Pendant ce temps a Rican Julie la sœur de Soraya convalescente aussi à tenter plusieurs fois d'appelé sa sœur pour prendre de ces nouvelles mais rien son numéro ne passait pas elle avait appelé plus tôt ces connaissances vivant à kina de rentré en contact avec sa sœur pour voir ce qui n'allait pas et de l'informer qu'elle était en convalescence. La grippe rouge se propageait a une vitesse pas possible qui a affecté plusieurs domaines de la société mondiale à tel point que les puissances mondiales se sont réunis pour trouver une solution à ce problème qui touchait l'économie et bloquait la production et autres selon certaines sources la pandémie a été provoquée intentionnellement elle avait pour but d'impacter négativement l'économie de la République de Neich qui allait être dans les sondages la première puissance économique mondiale, pour certaines religion ce fait est un acte causé par des sectes minoritaires qui ont pour objectif de dominer le monde entier ce qui fait qu'ils utilisent le sang pour des travaux occultes afin de donner la force à leurs égrégore qui maintiennent cette domination sur les autres. Quel est la vraie version ? A kina les médecins légiste ont réussi à identifier trois corps parmi les douze le corps de Tigui n'était pas parmi ces trois. Quelques minutes plus tard le chasseur reviens avec quelques habitants du village et certains moyens pour transporter l'inconnu en difficulté elle était devenu si maigre qu'un vent qui soufflait a dix kilomètres par heure pouvais la soulevé. Ils se réunissent pour la transporter jusqu'au village et l'amène chez le guérisseur de la tribu. Lui aussitôt se prépare pour voir le cas de la dame il allume plusieurs sortes d'encens cela le met automatiquement en transe pour se connecter en elle afin d'avoir certains informations la concernant. Après quelques incantation il sort en transe et enlève des herbes dans un sac qu'il triture avec un peu d'eau et quelques produits ensuite il formulé des incantations dessus et verse quelques goûte sur son front et certaines parties de son corps, quelques minutes plus tard Soraya se réveille on lui donne a mangé et à boire le guérisseur appel le griot qui informe tous le village que la dame venait de se réveiller et que elle se porte bien en plus son enfant de trois mois se porte très bien également il remercie le chasseur qui était allé retrouver la dame presque morte, le chef ordonna à ces serviteur de trouvé une case pour la dame et de la mettre dans de bonne condition pour qu'elle puisse se sentir à l'aise. Une semaine plus tard Soraya fut convoqué chez le chef de la tribu de Kambe qui lui demande son état de santé les raisons de sa présence au bord du fleuve, elle affirma qu'elle se sentait très bien quand a sa présence au bord du fleuve elle raconta tous son histoire de l'attaque du train qui a coûté la vie à TIGUI jusqu'à son arrivé au fleuve Kambe, la plupart des personnes qui étaient dans le palais se mirent à essuyé leurs larmes l'ambiance qui était dans le palais avait complètement changé ce n'est pas facile pour une femme d'endurer cette souffrance et de s'en sortir facilement si Soraya a pût relevé ce défis c'est qu'elle est une femme forte et tous les femmes doivent prendre l'exemple sur elle, la vie n'est pas facile quand nous rencontrons des problèmes dans notre vie il faut garder espoir en cherchant des solutions qui pourraient nous aider à avancer plus facilement au lieu de s'apitoyer sur son sort, la vie est comme une roue au moment où tu te trouvera au moment favorable il faut être juste et bon dans tous ce que tu feras il faut créé un espace d'amour pour permettre à ceux qui en ont le plus besoin de l'avoir si chacun se mettait à faire cela ce monde deviendra un paradis disait le chef quand a Soraya tu es dans ta maison ici tous ce que tu voudras tu l'aura nous sommes ta nouvelle famille tu peux rester ici le temps que tu voudras. Le palais change d'ambiance les tam-tams résonnent les griots commencèrent à faire la louange du chef tout le monde applaudissait Soraya remercie le chef et tous les villageois elle demande une dernière faveur au chef qui lui accorda elle voulait l'aide du chef a rentré chez elle quand le moment viendra le chef l'accepta. La séance levé Soraya se joint à Daki pour aller faire la lessive au fleuve en cours de route Daki dis à Soraya tu vois le monde d'ici est différent du monde extérieur, ici nous vivons en respectant non seulement nos semblables mais aussi la nature c'est pourquoi tu vois que nous sommes plus joyeuse car chacun utilisé l'amour qui est en lui pour transmettre un message ou faire quelque chose alors que le monde extérieur est différent c'est pourquoi vous remarqué qu'il y'a plus de maux de l'autre côté que ici. Tous ce que tu veux faire il faut le faire avec amour et tu verras qu'elle sera éternelle car l'amour ne disparaît jamais elle est la plus puissante chose qui amène l'Homme à atteindre un degré de conscience très élevé. Moi Daki j'ai soixante-quinze ans mais tu me vois comme une personne ayant la cinquantaine j'ai pas eu une vie aussi aisé comme toi j'ai su une chose que tous ce que nous faisons comme mal ou bien nous rencontrerons toujours les conséquences j'étais avec une tante quand mes parents m'ont quitter très tôt c'était un Vendredi je me suis réveillée trouvé que mes parents avaient été arrêté par la police de la localité j'ai voulu les suivre mais ma tante m'empêchas de les suivre je suis restée toute la journée sans rien manger en pleurant toutes les larmes de mon corps mon père luttait pour la cause des personnes défavorisées ce qui fait qu'il était à chaque fois dans le viseur de la justice acheté par les bourgeois, c'était la dernière fois que je voyais mes parents ils sont plus revenus après quelques jours les policiers étaient revenus pour m'amener avec eux mais ma tante c'est opposer elle dis que j'étais son enfants et ils n'avaient pas le droit de m'amener si elle n'avait pas dit cela je n'allais plus être ici en ta compagnie a te raconter cette histoire. Plus tard on a su que mes parents ont été torturé et fusillés ils ont jetés leurs corps dans la lagune qui a été repêché par des pêcheurs qui naviguait le lendemain de leur assassinat sur la lagune. Personne ne voulait me le dire mais je lais su un soir quand ma tante pleurait dans sa chambre et demandais à Dieu pourquoi il a laissé ces meurtriers ôter la vie a des personnes humble et juste elle pleurait a chaude larme depuis ce moment ma vie n'a plus été la même je n'arrivais même pas a pleuré, J'avais un seul envie venger mes parents. Les gens de la communauté ont organisé les funérailles des parents il y avait plein de monde ce jour ma tante n'a pas voulu que je parte mais j'ai décidé d'y aller qu'elle le veut ou pas et je suis allé il y avait des gens qui pleurait d'autres essayait de retenir leurs émotions pour ne pas pleurer aussi. Je me disais au fond de moi pourquoi cette minorités arrivaient à faire souffrir tout une communauté est-ce par ce que la communauté c'est laissé faire ? Soraya nous somme arrivé débutons le travail je te raconterai la suite après.

Pendant ce temps-là grippe rouge continue de faire de plus en plus de victimes les chercheurs de tout le monde entier se réunissent pour trouver une solution à l'expansion de la pandémie, les victimes commençait à dépérir le deuxième jour de la contamination ils manifestaient les symptômes des virus préalablement neutraliser pour permettre à leur système immunitaire de préparer les anticorps pour défendre l'organisme en cas d'infection. Par exemple si une personne avait été vaccinée par le vaccin antirabique manifeste le deuxième jour les symptômes de la rage en cas d'infection de la grippe rouge. Les yeux devenaient rouges le sang sortait de la bouche du nez, la respiration devenait difficile ce qui causait un décès par asphyxie ou un arrêt cardiaque. La plupart des Etats confinaient la majorité de leurs villes. A CERAN la frontière était toujours fermé les libertés était restreint les mesures de protection de première lieu était publié par les services d'information. Les contacts physique étaient formellement interdit ceux qui avaient été soupçonné étaient mis en quarantaine les températures qui excellaient la norme étaient considérés comme cas suspect. Les hôtels étaient réquisitionné par les autorités pour en faire des hôpitaux d'urgence les terrains de sport étaient aussi réaménager pour en faire de même tellement la pandémie était incontrôlable. Les pays qui sont moins développés ne subissaient pas plus de pertes en vies humaines contrairement aux pays développés, la structure mondiale qui est en charge de la santé se préoccupait tellement du cas des pays en voie de développement vue le faible moyens que disposait ces pays a tenir face à ces genre de maladie mais les analyses faites dans ce sens ont montré le contraire la propagation de cette pandémie était difficile dans ces pays ce qui fait qu'ils ont enregistré un faible taux de décès. À kina les enquêtes se poursuivent vue la situation et la monter des mécontentement populaire le ministre de la défense est limogé par le chef d'État qui assure désormais le rôle de la défense les communautés villageoise et certaines organisations sociales continue à dénoncé la mauvaise gouvernance qui a entraîné ces genre de problème à kina ils ont entrepris des grèves et des marches, les autres parties politique profitèrent de l'occasion pour demander la démission pure et simple du président, est-ce le président le problème s'interroge les média ? A Rican Julie toujours dans les recherches des informations concernant sa sœur sa santé s'améliore peu à peu elle doit faire une opération dans les semaines à venir de la tumeur qui la faisait souffrir mais la pandémie faisait retarder de plus en plus l'opération, elle continuait à suivre les traitements prescrits par son médecin Abdi qui était son fiancé. Abdi était tombé sous le charme de Julie après avoir rompu avec Mariette qui était enceinte de six mois. Il était tous le temps près de Julie pour l'apporter les soins nécessaires c'était lui qui avait informé Julie de l'attaque du train de Tigui qui avaient côté la vie a plusieurs personnes à Kina, ils ont essayé de rentrer en contact avec Soraya pour prendre de ces nouvelles et celui de Tigui mais rien le numéro de Soraya ne passait pas et les lignes de communication étaient défaillantes. Ils attendaient les retours des amis qui devaient rentrer en contact avec Soraya pour avoir de ces nouvelles. Malgré les avancées du domaine sanitaire de l'État de Rican Ils avaient des difficultés à contenir la pandémie les choses s'empirait de jour en jour les rues étaient presque vide a un certains moments de la journée les coopérations international dans le but de trouver une solution immédiate dans la résolution de la propagation rapide de la pandémie.

Fini de faire la lessive Soraya et Daki se préparent pour rentrer au village. En route Daki fait savoir à Soraya : tu sais que après la mort de mes parents la seule chose que j'avais au plus profond de mon âme était la vengeance, j'ai tous fais pour me venger mais ce qui était le vrai problème est que je n'arrivais jamais à conclure mes idées de vengeance à tel point que j'en souffrais. Une fois je suis partie à la justice pour rentrer en contact avec un avocat afin qu'il m'aide à rendre justice à mes parents à l'âge de 18 ans lui aussi venais tous juste de commencer sa profession, il m'écouta quelques minutes et me demanda si j'avais des preuves ? Je lui répondis que seulement l'enlèvement de mes parents et non leur assassinat il me dit que ça sera un peu compliqué mais qu'il va tenter de m'aider.

La joie envahit mon corps et j'étais contente car si je parvenais à rendre justice à mes parents beaucoup de personnes auront le courage de le faire et notre société changera. Je rentre à la maison informé ma tante qui m'insulta d'inconsciente j'ai compris immédiatement le message qu'elle voulait me faire passer mais je restais sur mon point de vus sans l'informer encore d'une nouvelle. Je continuais à aller voir mon jeune avocat qui me donnais certaines informations grâce aux différents enquête qu'il faisait de son côté, le temps passais vite lorsque j'étais avec mon jeune avocat Mick car en plus de sa voix de rock il avait un sens d'humour qui me plaisait énormément. Petit à petit j'ai commencé à ressentir des sentiments envers lui et c'était réciproque. Quand je quitte le marché après avoir vendu les condiments récolté dans le jardin je profite pour lui acheter souvent des fruits et il aimait tellement qu'il me sera dans ses bras.

Un lundi matin il me fait une surprise en venant me demander en mariage devant toute la famille ma tante ému commence à verser des larmes de joie, moi-même je ne savais quoi dire, j'étais resté sans mot durant un instant et j'accepte sa demande, il me prend dans ses bras et m'embrasser, peu de temps après je l'accompagne à la porte car il devrait partir au travail. Plus tard ma tante me demanda si j'avais réfléchi avant d'accepter sa demande je lui dis que je le savais depuis et que l'amour qui était entre nous n'avais pas besoin d'être caché encore c'est pourquoi j'ai accepté pour que nous puissions officialiser définitivement, elle me donnant ces bénédiction et me dis que mes parents seraient fière de moi, toute ma journée a été merveilleuse je suis parti au marché et j'ai pû vendre tous les condiments très vite je chantais les gens me regardaient partout et étaient surpris de voir une personne joviale à ce point. Peu de temps après j'arrive à la maison je me prépare pour faire la lessive.

A kina le ministre de la défense Envoi un rapport concernant l'attaque au président qui le rejette car vue l'impact de l'attaque le rapport reçu ne reflétait pas une logique il y'a des zones d'ombre qui devrait être élucidé. Le président demis le ministre et le chef d'État-major des armées de leurs fonctions, les organisations de la société civile et autre continuent leurs marches pour que justice soit rendue. Plus de neuf corps ont pu être identifié celui de Tigui n'y était pas. Le terrorisme a impacter la vie des habitants de certaines régions de kina qui étaient coupé du territoire des mois durant ce qui rendait leurs approvisionnement difficile, les engins sautait sur des mines artisanale les camions transportant des denrées alimentaires des produits pharmaceutiques etc. sont attaqués et incendié par les terroristes, les populations de ces localités étaient obligés à se déplacer pour préserver leurs vies les jeunes et enfants étaient enlever par force par les recruteurs terroristes pour les enrôler et les envoyer dans des missions ceux qui résistaient étaient décapité en public pour semer la peur. Les stations de police de la gendarmerie et certains administrations publiques ont été pris par les semeurs de terreurs les autorités étaient incapable de reprendre les zones perdue car l'armé était divisé les corrompu et bourgeois qui étaient en majorité les anciens et Les jeunes qui étaient envoyés comme des boucliers dans les sentiers de la guerre. Déstabiliser par les attaques la pandémie de la grippe rouge vient s'ajouter aux problèmes du pays ce qui rendait encore plus compliqué les choses. A Ceran les frontières étaient toujours fermée Les voyageurs qui sont restés à la frontière ont essayé par plusieurs reprises de rentrer à Ceran Ils ont été repoussés par les forces de l'ordre, qui les lançait des gaz lacrymogène. Certains voyageurs ont dû renoncer et retourner à kina, d'autres se sont livrés au passant. La maladie de la grippe rouge continuait à faire des ravages dans presque toutes les localités de Ceran malgré les efforts des autorités du pays. Les chercheurs qui se sont réunis pour trouver d'éventuelles remède contre le virus Malgré plusieurs tentatives n'avaient toujours pas réussi à trouver un remède fiable Car le virus prenait plusieurs formes À cause de son instabilité ce qui rendait très compliqué les recherche. Quelques heures plus tard Soraya et Daki arrivent au village elles étalent les linges Soraya profite de rentrer chez le guérisseur pour prendre certains produits. Arrivé dans la tente du guérisseur elle toqua à la porte et entra s'asseoir sur la peau de cabri déposer en même le sol, le guérisseur qui procédait à faire des incantations prends la queue de cheval qui était déposé près de la fenêtre et commence à parler à Soraya en lui disant : Oh femmes pourquoi êtes-vous surprise vous les habitants de la grande ville vous êtes toujours surpris quand vous venez chez nous avec vos problèmes pour que nous puissions trouver une solution pour vous, si nous réglons ce problème vous ne cherchez pas les causes de ces problèmes pour ne plus les commettre, vous vous contentez des résultats uniquement ce qui fait que vous reprenez ses même erreurs à maintes reprises. Il faut savoir que vous n'évoluerai pas sur cette lancé la vie est faite en fonction de son évolution non physique ou matériel mais spirituel, vous les modernisés ça me fais souvent rire quand je vous vois venir chez nous les sauvages et moins évolué pour nous demander des faveurs aussi minime pourtant vous prétendez être développée, le développement que vous avez concerné l'extérieur et non l'intérieur si je veux me faire comprendre vous voilé vos maux et vous prétendez avoir la pleine puissance qui n'est autre que la domination par la force c'est pourquoi l'ego domine toujours votre cité, chacun regarde ces intérêts individuels et égoïste alors que nous nous prônons pour le bien commun, chacun met sa main dans la patte pour réaliser quelque chose de bénéfique pour notre environnement, nous respectons tous ce qui nous entourent les animaux la forêt et les esprits de la nature alors que vous vous avez tous foutu a l'air à cause de vos intérêt égoïste, on nous dis souvent être des sorciers et sorcières qui détruisent la vie des gens, il faut savoir que nous sommes tous sorcier et sorcières, Soraya je te dis ce ci la lame du couteau peut servir à faire le bien comme le mal tu peux l'utiliser dans la cuisine comme tu peux l'utiliser à faire du mal à ton prochain tout dépend de l'utilisateur, ce que vous ignorez c'est que nous avons tous un pouvoir divin en nous contrairement à ce que les gens des différentes religions disent. Dieu est en nous tout comme le diable (le bien et le mal) si tu décides d'être Hommes de Dieu et non de la religion tes faculté seront développer ce qui te permettra de connaître l'univers divine je ne dis pas que la religion ne peut pas conduire à une divinité mais chaque être viens d'une divinité précis cela réside dans le secret de la naissance, si tu décides aussi d'être Hommes du diable tu développeras des facultés qui te connectera a l'énergie du mal. Tous les actions que tu vas mener dans ces sens auront des conséquences qu'elles soient positives ou négative tu devras les assumés. Mais la plupart des personnes qui sont venus ici quand je les écoutes elles mettent leurs responsabilités sur le dos des autres et quand j'essaie de les expliquer simplement elles sont toutes surprise. Vous avez été appris à agir comme des machines ce qui fais que vous n'avez pas le temps d'apprécier les merveilles de la vie et d'en chercher des connaissances qui vous permettront d'avancer sereinement et paisiblement, la plupart d'entre vous ne peuvent géré une seule situation pénible qui arrive dans sa vie car vous n'êtes pas habitué à vivre mais à survivre, vous faites une grave erreur de pensé que l'Homme est supérieur par rapport à tous dans la nature ce qui est archi faux, si nous tous nous venons à disparaître le monde évoluera sans nous. Nous somme entourer et imprégné par les esprits de l'air de l'eau de la terre et du feu il faut qu'il ait un équilibre entre ces force pour le bien de notre environnement mais vos actions égoïstes créent un déséquilibre tous le temps sur ces force ce qui sera fatal pour nous tous à l'avenir si nous ne laissons pas nos égo pour se focaliser sur le bien de la nature tous disparaîtra y compris nous, les plantes et les animaux qui n'ont rien fait pour mériter tout ça. Nous serons tous les responsables de ce qui va arriver dans dix, vingt ou trente ans personne ne nous viendra en secours vos richesse ne vous seront d'aucune utilités c'est en ce moment que chacun se mettra à regretter profondément. Quand je regarde la manière utiliser pour éduquer vos enfants je me demande si c'est enfants auront un jour l'affection ou connaîtront un jour l'amour , vous les amener à être des choses que vous n'avez pas pût faire et souvent vous les mettez en groupe pour les montré certaines choses qui seront utilisés comme outils den le but de les départager selon les notes reçu, vous les conditionnés il faut savoir que l'enfant est une vie que nous devons apporter amour et respect pour lui permettre d'atteindre son plein potentiel, mais nous ne voulons pas car selon nos conditionnement un enfant qui ne subit pas ce conditionnement sociale ne peut pas réussir, cela est carrément faux. Chaque individu possède une potentialité unique il faut l'accepter et l'aidé à le développer c'est ainsi que fonctionne la vie.

La pandémie avance rapidement presque tous les pays du monde étaient touché les scientifiques moderniste comme traditionnelle se mettaient au travail afin de trouver un remède à cette pandémie qui continuait à faire des victimes partout. A kina l'enquête avance à pats de tortue car plusieurs hauts responsables étaient impliqués dans les multiples attaques et trafic d'armes, c'était eux qui bloquaient l'avancement à leur niveau. Un matin de lundi les habitants de la localité de Rido se réveillent avec des bruits d'arme lourd qui résonnait presque dans toutes la localité, chacun essayait de joindre son ami ses parents ou autre par appel téléphonique pour prendre des informations malgré le mauvais état du réseau, personne ne savais de quoi il s'agissait les suppositions se multipliaient la peur envahissaient le cœur des habitants de la localité qui attendaient leurs heure. Les tirs continuaient jusqu'à six heures du matin les rues étaient vide de personnes c'est à partir de huit heures que les gens commençaient à sortir de leur cachette petit à petit. Ils se rendent compte plus tard que la gendarmerie de leurs localité et le gouvernorat a été attaqué les corps des gendarmes et quelques terroristes traînaient par terre, le gouverneur lui-même avait été capturé dans son domicile puis décapité devant toutes sa famille qui pleuraient a chaude larme quand les voisins étaient venus trouver ce qui c'était passé. Peu de temps après les renforts armée viennent pour sécuriser le lieu il était trop tard car la majeure partie des gendarmes qui assumaient la garde du lieu ont été tué et d'autre enlevé, en plus de la pandémie la population vivait l'insécurité son quotidien les hommes ne pouvaient plus rester chez eux la nuit tomber au risque d'être enlevé où tué, la colère grandissait de plus en plus au sein de la population, ils demandèrent les raisons de la présence des forces armées étrangères qui avaient établi leur base dans le pays et qui disposaient de moyens logistiques nécessaire pour retracer les trajectoires emprunté par les terroristes afin d'aider l'armée national à les poursuivre ou de les empêcher à commettre ces genres d'attaque. Dans un interview accordée à la télévision B.K.1 l'ex colonel TARA à la retraite affirma que les accords avec ces partenaires ne les permettaient pas d'agir sur le territoire ils sont ici pour défendre leurs intérêts et non l'intérêt du pays et il est complètement compliquée pour eux de s'immiscer dans les affaires du pays sauf si les termes de l'accord ont été revus, il ajouta encore que le président actuel dois s'entourer de bonne personne qui peuvent se sacrifier pour le pays et non pour leur intérêt égoïste, si il ne se méfie pas il sera induit à commettre l'irréparable. Le pays sombre dans deux guerres il faut que le président et ses ministres se réveillent il n'est pas temps de se reposer, si ce n'est pas le terrorisme qui nous finit pas c'est la grippe rouge qui le fera. Les murmures et les revendications concernant la démission du président augmentait depuis que la plupart des gendarmes enlevés ont été retrouvé mort à plusieurs dizaines de kilomètres par les renforts déployé. Les politiques se mettent dans la danse comme si c'est en étant seulement président on pouvait jouer un rôle dans la sécurisation du pays. Le nombre de déplacer augmentait à tel point qu'il était difficile de connaître leurs nombre, les femmes enfants étaient plus privilégier par les centre d'accueil, certaines salles de classe ont été utilisé pour abriter les déplacer les O.N.G voient le jour afin d'apporter de l'aide aux déplacer mais parmi ces ONG il en a celui qui étaient là pour des buts non lucratif, chacun trouvait un moyens pour gagner de l'argent même s'ils devraient enfreindre les lois. Le pays sombrait malgré les efforts du président tous étaient pourris commençant du haut jusqu'en bas, les puissances étrangères trouvaient leurs intérêts facilement dans ces genres de pays où les dirigeants salivaient quand ils voyaient une valise d'argent déposé sur la table de négociation. C'est comme ça le pays a été vendue, ceux qui voulaient remettre le pays sur les rails étaient confronter a plusieurs choses premièrement les puissances étrangères et deuxièmement les vendus du pays, cela rendait difficile la tâche du président qui c'est rendus compte plus tard qu'il avait été trahis par ses partisans, qui faisaient son éloge la plupart du temps. Un beau matin il fut arrêté par un coup d'état militaire.

A Rican Julie la sœur de Soraya se préparait pour son opération de la tumeur de l'estomac qui était prévu le mercredi à 6h du matin soit le surlendemain. Son mari Abdi l'informa qu'il y'a peut-être un espoir concernant la maladie de la grippe rouge, un collègue de travail qui faisait des recherches sur le virus à trouver un moyen pour limiter sa mutation grâce à certaine combinaison de molécule contenu dans des comprimés, mais cela restait pour le moment dans la phase expérimentale. Adou le frère de Tigui lui aussi n'ayant pas de nouvelle de son frère se rend chez Julie malgré le confinement pour lui faire part sa situation, elle aussi l'informa qu'elle cherchait des informations de sa sœur depuis deux mois mais rien jusqu'à présent elle a tenté plusieurs fois de la joindre mais son numéro ne passait pas y compris celui de Tigui, Adou dis qu'il avait un amis à kina qui lui avais informé via un message qu'il a eu une attaque terroriste qui a sombré le pays dans un chaos politique entrainant un coup d'état militaire, le président était actuellement détenu par les putschistes, la situation est confuse car la communication est interrompue depuis la nuit dernière et le pays est sous couvre-feu. Plusieurs états ont condamné le coup de force des militaires qui affirmait lors d'un communiqué que les généraux du président ont vendu le pays et ils ne permettront plus la perte d'un de leurs camarades qui étaient envoyés sans assurance minimum dans des missions à risques très élevé. Adou ajoute qu'il fera tout son possible pour entrer en contact avec son frère ou Soraya et il termina en souhaitant prompte rétablissement à Julie. Adou prend sa voiture pour rentrer chez lui en route sa pensé continue à divaguer et si c'était le train de son frère qui avait été victime de l'attaque ? Ça ne peut pas être pour lui car son dernier voyage avant celui-ci était à kina normalement dans la même semaine repartir à kina deux fois c'est impossible les médias de kina ne diffusaient plus les informations il fallait que la communauté internationale agit vite avant qu'il ne soit trop tard, ils ne pensaient qu'à la pandémie il ne faudra pas qu'il laisse ce pays sombré. Toutes ces pensées défilaient dans la tête du pauvre Adou, au volant de sa voiture il met une musique et allume sa cigarette. Quelque minutes plus tard il arrive chez son oncle pour lui informer de la maladie de Julie et aussi ces préoccupations concernant son frère, assis sur son canapé l'oncle Karim resta quelque minutes et lui demande de prendre les choses du bon côté car s'il continue sur cette lancée ce sont ces propres imagination qui vont lui créer des ennuis. Les deux hommes parlent plusieurs minutes de leurs affaires de parcelle et Adou prend la route. Arrivé à la maison toqua a la porte sa femme vient l'ouvrir, il rentre et se dirige dans la chambre pour se préparé à prendre sa douche. Sa femme Tifa préparai le dîner dans la cuisine elle attendait sa sœur Ussa qui était allé faire la course avant la fermeture des lieux publics. Le gouvernement de Rican avait établi des horaires à respecter pour limiter la propagation de la pandémie. Fini de prendre sa douche Adou s'habille et s'installe sur le lit le journal en main il lit et relis en mainte reprise les causes de la maladie de la grippe rouge que jusqu'à présent présentai des zones d'ombre, les origines était méconnu, comment un virus arrivé à être plus intelligent que l'homme et il fonctionnait comme si on l'avait préparer pour s'attaquer aux humains tous ces imagination défilaient dans le cerveau du jeune homme, infecté le virus s'attaquait premièrement au globule blanc, quand un virus pénètre dans un globule blanc ils fait tous pour ne pas éliminer le globule blanc afin de l'utiliser comme barrière protecteur pendant qu'il se multiplient au sein du globule, les autre globules ne pourront pas savoir qu'un de leur est victime d'un virus quelconque donc la réaction immunitaire reste néant, quand la multiplication du virus atteint son maximum le globule explose pour libéré les millions de virus qui attaquent aussitôt les autres globule avec le même système de tromperie, tout l'organisme est infecté maintenant commence la phase de mutation les virus commencent à copier les séquences d'ADN des organes et les modifie afin de programmer leur autolyse ce qui faisait que les malades qui sont en cette étape meurt en ayant le sang qui sort soit dans les yeux narines ou bouches. Un virus qui peut avoir tous ces facultés ? S'interroge encore et encore Adou mais d'où venait ce virus ? Quel animal avait été le premier a développé ce virus ? N'est-ce pas le travail de l'homme ? La guerre biologique avait commencé ? Adou continua ses interrogations pendant un instant et sort prendre son dîner avec sa petite famille, Ussa remarqua les comportements de Adou qui était pas comme d'habitude et lui demande ce qui n'allait pas il répondit simplement que les problèmes de l'humanité devenaient de plus en plus mystérieux. Tifa lui dis de faire ce qu'il peut faire de bien pour les autre et de laisser les choses tel qu'elle sont, Ussa dis à sa sœur que c'est facile pour eux les femmes de ne pas penser à certaines choses mais les hommes ne peuvent pas pour plusieurs raisons, premièrement c'est eux qui souffrent le plus dans la société actuelle, il travaillent dure pour nous apporter tous ce que nous voulons il sont capable de faire l'impossible pour réaliser simplement nos désire qui ne sont pas souvent important, deuxièmement quand un homme est à la recherche d'un emploi il souffre il y'a d'autre qui sont utilisé comme des objets si il arrivent à être employées mais regarde par exemple nous les femme facilement on peut avoir un travail même si nous avons pas les compétences requises il suffit que nous utilisons notre corps pour séduire, c'est normal de voir Adou dans cette état car il se demande comment seront les génération futur dans un monde instable comme celui-ci ? Toi-même imagine. La table de dîner se transforme a une rencontre de Sage la causerie continue jusqu'à vingt heures du soir, Adou se lève donne une bise à sa femme et a Ussa il rentre dans sa chambre pour se reposer car la journée avait été longue. Après avoir fini de manger Ussa et sa sœur continuaient de parler dans le salon chacun donnait son point de vue sur la situation du pays, durant un certain moment Tifa rentre dans la chambre près de son mari pour se coucher.

Le lendemain à 18h Julie est rentrée à l'hôpital pour son opération de la tumeur. Ses amies tel que Tifa et Ussa etc. l'accompagnait afin de la soutenir, Toujours dans la case du guérisseurs la discussion continuait et plein d'enseignement Soraya était contente des paroles sage du guérisseurs qui lui avait donner des produits à utiliser pour sa santé et celle de son bébé, sa grossesse était à sa cinquième moi la jeune dame était toujours en pleine forme mais elle avait envie de se rendre très vite à Rican chez sa sœur pour accouché et attendre la suite de l'enquête pour avoir d'éventuel informations sur son mari mais ses traitements n'étaient pas fini dans le village de Kambe. Elle quitte la case du guérisseur pour rejoindre la sienne afin de faire le traitement, quelques heures plus tard le griot avec un tambour a main annonce la fête de la pleine lune marquant le début des fiançailles, les jeunes filles qui devaient se marié dans cette période étaient préparé en fonction des coutumes du village, les femme ou mère du village s'occupaient de transmettre des valeurs aux filles afin qu'elles puissent stabiliser leur foyer dans le couple, elles sont enfermés pendant quelques semaines et les jeunes garçons qui prendront ces filles en mariage sont amenés pendant un mois au minimum dans la brousse pour les initiés dans les Secret de l'univers par les vieux sages du village. Les femmes qui étaient restés au village préparaient leurs retours, les animaux a sacrifié étaient mis à l'écart des autres par les enfants tous le village était en ébullition Soraya rejoint Daki qui étais assise sous le manguier qui était proche de sa case, elle lui demanda pourquoi elle était assise seule Daki lui dis qu'elle était fatigué c'est pourquoi elle était venue se reposer sous l'arbre. Elle continue son histoire en disant a Soraya : après avoir fini de faire ma lessive je me suis douché pour préparer la nourriture. Tu sais Soraya c'est grâce à notre commerce que on vivait moi et ma tante souvent je reviens à la maison pour préparer pendant qu'elle vend au marché et réciproquement. Je me souviens une fois j'étais allé au marché pour vendre les tubercules je suis allé trouver qu'il avait plusieurs personnes qui vendaient des tubercules, je ne savais pas comment procéder pour vendre tous mes tubercules et acheter du riz a préparé afin que nous puissions manger. J'ai eu une idée qui m'a fait rire plus tard, je suis allé demander le prix des tubercules chez quatre vendeurs qui vendait a trois fois plus du prix que je voulais vendre et je suis allé m'installer à un endroit très animé puis j'ai augmenté le mien a deux fois le prix de vente que j'avais fixé à la maison, j'avais même pas fais deux heures ,Soraya j'avais vendus tous mes tubercules et fais beaucoup de bénéfices j'étais tellement contente que je suis allé tout dire à ma tante, c'est depuis ce jour qu'elle me laisse à chaque fois commercer. Elle me disait plusieurs fois que j'avais l'art de vendre et me félicitait beaucoup souvent elle m'offrait des bijoux et me dis de bien garder pour mon mariage. Soraya la vie était belle en ce moment on s'aimaient on s'entendait puisque c'était une seule communauté mais depuis que les élites de la société ont instauré une politique étrangère dans notre société les choses ont beaucoup changé mes parents sont morts dans cette politique, avant l''influence n'était pas aussi élevé mais maintenant tous est gâter la mensonge le vol la trahison et autre sont devenus les mœurs de la société, dans une même famille c'était compliqué de faire confiance les intérêts individuels primais sur la collectivité un frère est capable de trahir pour ses intérêts. Je me souviens également deux mois après mon mariage le frère de mon marie à voulue couché avec moi je l'ai repoussé a plusieurs reprises, quand Mick partait au travail son frère venait manger chez nous car en ce moment il était pas marié, je suis rentré pour me doucher un jour son frère qui était à table pour manger c'est levé me trouva dans la douche déshabiller s'excusa qu'il voulait uriné comme c'était sa première fois je lui dis de ne pas s'excuser et il est ressortie, il as répéter cet acte plus de trois fois et un jour il m'a dit quand on était seul qu'il avait envie de couché avec moi je lui dis de ne plus penser à ça car je suis la femme de son frère , il m'a répondu que ce n'étais pas un problème je lui fit comprendre que je n'étais pas ce genre de femme. Un soir il est venue pendant que Mick étai en jugement il entre soûl dans ma chambre et voulais forcer couché avec moi je l'ai repoussé mais il était plus fort que moi j'ai crié très fort et les voisins sont venus nous trouvé, il voulait courir sortir mais il avait été arrêté par un voisin j'ai expliqué la situation, il a été contraints à s'assoir attendre son frère. Quand Mick est venue on lui a expliqué la situation Il entra immédiatement me trouver dans la chambre mes yeux remplis de larmes et le dis de pardonné l'acte de son frère, je ne pouvais pas retenir mes larmes il me prend dans ces bras et me réconforte. Peu de temps après il ressort et demande à son frère de rentré chez lui qu'il informera la famille de son actes. Le lendemain mon mari n'est pas aller au travail il est resté avec moi nous sommes partie au marché ensembles et il m'avait aidé a préparé la nourriture j'étais contente de son acte, il m'avait dit que sa famille était divisé en deux parties à cause de l'argent , ceux qui avaient beaucoup d'argent se sont regroupés dans leur clans laissant les moins aisé souffrir par manque d'argent, quand il avait eu le travail il a décidé de l'aider pour qu'il puisse lui aussi se prendre en charge afin de sortir dans cette même souffrance familiale hélas c'est lui qui voulais me violé, il ajouta qu'il le comprenait car il avait toujours la conscience fermer sur certaines choses de la vie mais qu' il comprendra a l'avenir. Nous avons discuté plusieurs minutes avant de rentrer dans la maison et j'ai profité pour enlever a manger pour lui et pour son frère mais malheureusement son frère n'est pas venue il l'a attendus mais rien. Tu sais Soraya nous aimons tous le bonheur mais personne n'est capable de le créé pour son prochain et quand un problème arrive on se met à pleurer ou à se plaindre, souvent nous tenons les autres responsables de nos propres problèmes où nous laissons tous à Dieu. Cela me fait rire il faut savoir que Dieu ne lèvera aucun doigt pour toi tant que tu te décides pas toi-même de laissé certaines choses pour changer ta situation. Si tu me vois te dire cela Soraya ce n'est pas pour te décourager à prier ton Dieu ou allé dans ton lieu de culte pour l'adorer, depuis que tu es ici dans ce village as-tu vu des lieux de cultes de certaines religions qui sont dans la ville ? Ce n'est pas parce-que les villageois ne les veulent pas mais c'est parce qu'il savent que les habitants de ce village viennent d'une même source ou divinités et il n'ont plus besoin d'autres divinités pour se lié, car si cela se fait il y'aura forcément de la division au sein de la famille ce qui va entrainer ensuite la division au sein de la communauté et rien ne sera plus contrôlé, chacun fera ce qu'il veulent en ignorant les valeurs ce qui rendra les choses plus compliqué comme ce qui ce passe en ville. Toutes les religions ou croyances religieuses peuvent nous conduire à une divinité qui peut être positive ou négative, l'Homme lui-même est bipolaire c'est-à-dire positif d'une part et négatif de l'autre part les religions sont comme ça également ce qui fait que tu vois des personnes qui gagnent ce qu'ils ont voulu avoir grâce à la religion et d'autres pas. Il faut que l'homme apprenne à se connaître lui-même avant de vouloir se prononcer sur des choses d'ordre divine. Beaucoup de personnes prêtant être des guides religieux alors qu'ils ne savent rien de la spiritualité ce sont eux qui traites les gens qui font l'unité avec les éléments de la nature pour des travaux spirituels de sorcière ou sorcier, ça me fait rire souvent quand ils viennent ici pour résoudre certaines choses que leurs religions n'ont pas pût résoudre. Toi-même regarde le monde est vaste et il y'a combien de croyances ? Crois-tu que seulement deux ou trois croyances sont de Dieu et les milliers autres sont pour le diable ? Chaque société a sa croyance les personnes qui voulais conquérir le monde et la contrôlé ont usé de tromperie et d'impérialisme pour imposer leurs croyances aux autres ce cela qui détruit aussi votre société de plus en plus car selon eux l'homme est supérieur à tous sur cette terre en oubliant que sans les plantes l'eau le feu et l'air l'homme ne peut pas vivre, sa supériorité vient d'où ?

A kina la situation reste confuse seul la télévision nationale avait commencé la diffusion des informations du putsch mais les auteurs n'avaient toujours pas fait de déclaration, la situation était incertaines les points stratégiques du pays était sous le contrôle des forces de l'ordre tel que la télévision nationale la présidence et le ministère. Certains organisations sortaient apporter leurs soutiens aux putschistes car trop c'est trop disait ils, comme un coup préparé la majeure partie de la population se Melle a la danse ils exigent en plus le départ de la force étrangère KANE qui était présent pour apporter leurs soutiens aux différents états dans la luttes contre le problème de terrorisme depuis plusieurs années. Dans une interview accordée à la télévision B.K.1 un ancien marine à la retraite affirme que le problème actuel de kina avais commencé a émergé il y'a de cela plus de vingt ans, il a essayé de rentrer en contact avec ses supérieurs pour les expliquer mais ils étaient tous focalisé à faire de la politique, et c'est cette politisation de l'armée qui a entraîné tous ces problèmes. Il y'a certaines parties du pays qui avaient été délaissé par les autorités politiques au détriment des principales villes, imaginé dans un Espace de sept mille kilomètres carrés il y'a une seule station de police ou de la gendarmerie qui ne dispose pas de moyens adéquats pour sécuriser quand il y'a un problème. Quand on parle ils disent que le pays est pauvre ce qui fait que les moyens manque pour régler cette situation, pourtant les politiciens s'enrichit a coût de milliards des dîné sont organisées à coût de millions et certains personnes qui construisent des villas de luxe avec l'argent du contribuable. Nous sommes dans quel pays il faut savoir que ce problème c'est nous même nous avons choisi il ne faut pas blâmer les frères qui ont pris des armes pour montrer leur mécontentement car ce n'est pas tout le monde qui peut gérer ses émotions en cas de problème. Les forces de l'ordre qui doivent assurer la sécurisation sont dans la plupart corrompu, chacun se focalise sur ces intérêts c'est pourquoi vous avez remarqué qu'il aurait des soldats qui ont voulu éliminé un supérieur qui les a donné de fausses coordonnées afin que les terroristes puissent en finir avec eux tout ça pour de l'argent dans la localité de Gou, il devrait être jugée pour haute trahison et mis à mort pour donner leçon aux autres qui auraient l'intention de commettre ces genre d'actes mais malheureusement il est enfermé en résidence surveillée. Il faut comprendre que c'est parce qu'il a été démasqué cette fois ci, il peut être à l'origine de plusieurs autre cas jamais élucidé. Il y'a des milliers de gens comme lui dans l'armée il faudra donc procéder à un nettoyage complet pour en finir avec ce problème. En ce qui concerne le problème de partenariats avec certaines puissance sous régionale nous ne pouvons pas compter sur eux pour défendre notre patrie ce ne sont pas des mercenaires nous devons compter sur les apports en informations fiables et aussi leur contribution en armement car nous ne disposons pas en quantité importante d'arme sophistiqué pour cette lutte. Il faudra aussi savoir choisir nos partenaires car c'est une guerre que nous menons il n'y a pas de demis mesure.

Couché sur le lit d'opération, mes regardes fixées sur les lampes quand tout à coup des Hommes habiller en bleu ciel entrèrent dans ma chambre et s'approchaient près de mon lit, un le dis avec douceur '' madame il est l'heure tout va bien se passer'' il enfonça une aiguille dans mon bras gauche qui me faisait sentir une douleur quelques instants et plus rien, j'étais devenu inertes a tous ce qu'ils me faisaient. J'ai essayé d'identifier ces personnes venues me faire l'opération mais rien la seule partie visible était les yeux. Les bistouris, ciseaux et autre que apportait une dame qui portait des verres me faisait un peu peur car c'était ma première fois de subir une opération, je m'interrogeais intérieurement D'énorme questions concernant le taux de réussite de cette opération. J'ai voulue demander la présence de mon Abdi quand un engourdissement me plongea dans un sommeil profond. Je me suis retrouvé dans une cité verdoyante en première vue ma époustouflé de sa beauté de sa splendeur et de l'amour qu'elle dégageait. La Lumière qui émanant de ce lieu était propager par tous les éléments tel que les plantes les retenues d'eau etc. Et j'ai remarqué que ces éléments étaient les constituants vivant de cette dimension. Je ressentais des sensations très harmonieuse et inexplicables seul la présence dans ce lieu pourra permettre à une personne de comprendre cette réalité. J'ai passé mon temps à contempler cette lumière éclatante pleine d'amour et rechargeant comme si j'étais une batterie alimenter par un courant, pendant un instant une douce son se faisait entendre non loin de là, je me suis précipitée pour aller voir de quoi ils s'agissait lorsque tout à coup comme un flash je me suis vue immédiatement arrêter devant une végétation luxuriante avec des plantes plus vivante et une couleur verte plus rayonnante. On pouvait voir et ressentir la vie dans ces plante quand nous nous approchons plus près nous voyons se déplacer certains particules que j'ai nommé particules de vie, elle se déplaçait avec une précision et un ordre bien respecter que j'ai beaucoup aimer à tel point que j'ai féliciter ces particules comme si elle était dans une chorégraphie ou l'ordre était primordial. Elle remontait à partir de la racine jusqu'au feuillage pour y combler le manque qui se faisait ressentir afin de maintenir l'équilibres entre les différents constituants qui s'y trouve. Les particules différenciaient non seulement par leur couleur dans lequel on trouvait le blanc le vert clair, le vert foncé etc. Et par les rôles qu'il joue dans le maintien de l'équilibre de ces plantes. Je n'en revenais pas elle vivait en toutes symbiose chaque particule avait un rôle a joué elle jouait aussi des sons dans leurs déplacements et lorsqu'elle s'arrêtait également, c'était merveilleux de voir comment se déroulait le cheminement de la vie dans ces plantes. J'ai décidé de traverser cette vallée verdoyante remplie de vie magnifique pour admiré tous ce que je vais voir comme nouvelle pour moi je voyais des minuscules êtres avec différents couleurs qui volait partout et se posait souvent sur des branches ou des feuilles je me suis dit que c'était les fées que nous racontais notre maman avant que nous dormions, à la sortie je me retrouvais devant une immense étendu d'eau dans lequel se manifestait des phénomènes jamais vue ni jamais entendu je me suis lentement approcher en m'interrogeant sur la nature de ces phénomènes, comme une voix qui était en moi mes réponses venait immédiatement encore et encore je n'avais pas prêter attention au début car ce que je venais de voir était plus fort que moi, lorsque j'étais proche j'ai mis ma main dans cette eau pour confirmer que ce n'était pas une illusion que je me faisais, quand tout à coup je me suis rendue compte d'un phénomène pas possible les particules qui était dans cette eau pénétraient en moi comme si je faisais une seule entité unique avec cette eau. C'est là que j'ai vu la nature exact de mon corps, les particules qui naviguait remplaçait les particules qui avait changer de couleur en je me suis bien redresser pour voir je voyais que au niveau du ventre il y'avait plus de particules qui étaient devenu grise, elle était échangé par des particules de couleur blanche les grises rentrait dans cette eau et changeait de couleur j'ai assister ce processus plus longtemps car c'était merveilleux, elle quittait le gris pour prendre la couleur un peu blanc sal puis la couleur blanche, j'ai compris que ce processus d'échange n'était autre de remplacer les cellules décharger par les cellules recharger qui partaient à leur tours dans leurs sources originelle pour se recharger. Je me suis sentie Encore plus légère comme si ces particules déchargé qui étaient en moi étaient la source de la lourdeur du corps. Je me suis dit en ce moment qu'il y'avait plein de choses que je ne connaissais pas il fallait donc que je profite de cette occasion pour m'instruire. Je me suis redressé pour constater mon état d'abord avant de continuer. J'étais arrêter comme un amas de fluide dans lequel circulai des particules dans plusieurs sens et c'était un peu compliqué de les identifier car comme je l'avais dit au départ qu'il y'avait des particules décharger, si ils ne s'ont pas ravitaillé en énergie c'est particules deviennent des blocus ou des poids inutile pour le corps et l'empêchait d'avancer facilement. C'était donc ça la désorganisation que j'ai remarqué en moi surtout au niveau du ventre, ce qui a fait que lorsque j'ai été en contact avec l'eau il y'a eu des échanges de particules, si cela est possible avec l'eau peut être que ça sera possible avec les arbres que j'ai vue, les pierres vivantes, les rayons qui m'ont accueillis et les fée multicolore qui planait, je me suis dit et si je repartais vers ses éléments pour établir un contact direct ? Automatiquement je me suis vue projeté je voyais dans tous les degrés possible en même temps, la question qui me venait est ce que je n'étais pas morte pendant mon opération ? Cette dimension est-elle le paradis ? Je me posais trop de questions et je me dis arrête et revenons au début. Je me suis vue transporter dans la salle d'opération et voilà les chirurgiens muni de leur costumes bleu-ciel arrêter sur un corps à moitié couvert par un drap blanc, je regarde le moi qui était allongé et l'autre moi dessus planer comme un oiseau j'ai compris immédiatement que le corps qui planait était l'âme qui animait le physique qui est allongé. Est-ce possible ? Ne suis-je pas morte ? Non si je l'étais ils allaient arrêter l'opération et je voyais aussi les battements du cœur et la respiration que faisais mon physique, c'est là que je me suis rappeler de l'histoire que notre grand-mère nous a raconté une fois il y'a de cela 20ans : << Il était une fois un homme appelé Chamberlain qui partait pour une pêche avec ces amis Blaise et Thomas à quatre heure du matin, Arrivé près du littoral Chamberlain dis à sa femme de venir récupérer les poissons vers sept heure du matin afin de les vendre car il ne pourra pas rentrer tôt il devrait accompagner blaise qui se sentait pas à l'hôpital à cause d'un problème d'indigestion qui le fatiguait. Blaise disait avec un ton amusant a Rama la femme de Chamberlain << Je suis bien portant il te flatte pour aller chercher une coépouse >>. Rama dit à Blaise << Si il veut qu'il amène 5 coépouses je suis la seule reine de mon royaume>>. Rama donné une bise d'au revoir à Chamberlain et retourna près de ses enfants. Quelques minutes plus tard ils mettent la pirogue à l'eau et avance lentement, la visibilité était quasi nulle mais avec une lampe à pétrole et la volonté de ramener quelque chose pour nourrir la famille, les trois courageux pêcheurs avançaient dans leurs zones de pêche favorite. Chamberlain et Thomas qui ramaient blaise préparait les filets de pêche, la causerie battait son plein quand tout à coup blaise remarque que la fente qu'ils avaient bouché la fois dernière c'est ouverte en laissant l'eau pénétré dans la pirogue, il laisse les filets et à l'aide de la calebasse il reverse l'eau de mer qui avait pénétrer dans la pirogue. Avec la lampe il constata l'ampleur de la situation et appelle Chamberlain qui c'est retourner pour voir, l'eau continuai de pénétré au fur et à mesure que la fente élargissait, Chamberlain commençait à jeter les matériaux les plus lourd afin de diminuer la pénétration d'eau. Thomas lui de son côté entame un demi-tour pour revenir sur la terre ferme afin qu'ils puissent donner la pirogue à réparer mais l'eau pénétrait de plus en plus vite et la pirogue signalait ses dernières minutes en s'enfonçant petit à petit dans la mer, elle ne pouvait plus supporter le poids des trois hommes qui essayait malgré les vagues de regagné un littoral. Chamberlain prend la décision de se jeter en mer pour permettre à ses amis de rentré à bon port ils étaient à quelques kilomètres de leurs points de départ et les vagues aussi rendaient la situation encore plus compliqué. Thomas cria << frère pourquoi si nous devons mourir c'est ensemble !!>> Hélas Chamberlain était déjà dans la mer les derniers mots qu'il fit sortir de la bouche sont : << j'ai aimé être parmi vous mes frères vous avez été des meilleurs amis je vous prie de dire à Rama que je l'ai aimé et que je l'aimerai dites à mes enfants que j'aurai aimé passé plus de temps avec eux mais le destin en a choisi autrement prenez soin de ma famille et de vous-même je vous aimes>> l'extrême fraîcheur envahit le corps de l'homme qui tremblotait et fini par disparaître au fond de l'eau, thomas lui aussi saute pour essayer de sauver son ami qui n'avait même plus la force de faire des mouvements avec le courage d'une lionne qui cherche à nourrir ses lionceaux il réussit a attrapé la main de son ami au fond de l'eau mais il ne pouvait pas le tiré tant qu'il n'essayait pas de faire des mouvements, comme un objet inerte les paupières de Chamberlain se ferme lentement thomas n'ayant plus assez de souffle le laissait s'en aller, avec le peu de réserve qui lui restait il essaya de monter en surface mais n'arrivera jamais. Lui aussi rejoint Chamberlain et le fond Marin devient leur dernière demeure. Blaise cria encore et encore jusqu'à s'évanouir. La pirogue avançait lentement dans un milieu inconnu l'eau qui pénétrait de plus en plus Laissait Blaise inconscient et à moitié immerger.

De la pauvreté à la richesse

A 7h Rama est venu attendre son mari sur la rive pour prendre les poissons afin de les vendre mais à part les autres pêcheurs elle ne voyait pas la pirogue de son mari. Ni son mari ni ses amis n'étaient présent, elle s'asseyait pour les attendre en regardant les piroguiers qui étaient toujours en mer, elle se disait que peut-être ils étaient toujours en route ou en pêche vue les conditions de pêche actuelles qui était difficile à cause de la diminution croissante de poisson les pêcheurs devrait aller très loin afin d'avoir quelque chose pour leur famille. Les changements climatiques avaient tous bouleversé et la mauvaise politique climatique bourgeoise ne réglait rien à cette situation. Réveillée par le son de craquement de planche Blaise ouvrit ses yeux et se voyait à moitié noyer, il était à quelque centaine de mètre d'une ile, le jeune homme regardait de gauche à droite personne la pirogue était à moitié détruite la seule planche qui soutenait le reste de l'assemblage venait de craqué, avec le peu de force qui lui restait il accélérait lentement le bourdonnement de son ventre qui lui avait fatiguée la veille a recommencé entraînant une douleur insupportable à tel point que les larmes du jeune homme se réfugiait sur sa joue. Quelques minutes plus tard il rejoint la rive avec beaucoup de difficulté y compris la fraîcheur qui lui faisait frissonner et le ventre qui avait commencé à tambouriner, il descendait et directement se couchait comme un fœtus dans le ventre de sa mère les yeux remplis de larmes. Est-ce une réalité que je venais de vivre ? Pensais le jeûne homme qui ne faisais que penser à ses amis, comment pourra-t-il expliquer la situation aux différentes familles et surtout a rama qui aimait son mari plus que tout au monde ? Pourquoi si tôt ? Qu'avaient-ils fait pour mériter cela ? Les larmes coulaient en sanglots, les interrogations sans réponse, le jeûne homme avait des difficultés a accepté la situation il se redressa et enlevait tous ses vêtements qu'il étala sur le sol et cherchait ensuite un coin chaud pour se réchauffer. Assi a quelque mètre de la plage Blaise s'adossait sur un rocher et s'endorme.

Des heures passaient rama resta sans bouger de là où elle était jusqu'à 20h, le moment où elle se revient à elle, la première question qu'elle se pose qu'était-il arrivé à mon mari et ses amis ? Elle s'approcha automatiquement près des autres pêcheurs qui étaient encore sur la rive les demandait s'ils avaient vu son mari et ses amis c'était toujours un non qui l'accompagnait, elle voyait un groupe de personnes qui discutais sur le prix des poissons elle accourut aussitôt pour se rendre et voir si ils n'étaient pas là-bas toujours la même désolation. Dans c'est genres de situation si une personne perd la vie ou disparaît dans l'eau et on ne retrouve pas son corps ils faisaient appel au gardien des temples des eaux mais c'était un peu tôt les yeux commençait à rougir les larmes s'empressaient de créé un passage sur la joue. Elle accourut pour se rendre au service de contrôle maritime pour leur expliquer la situation, arrivé ne pouvant plus retenir les larmes la bonne dame commençait à pleurer un garde est venu près d'elle pour connaître la raisons de cette tristesse qu'elle n'avait pas pût contenir à tel point qu'elle a émergé. Elle fut accompagné chez le commandant qui l'expliquait que c'était trop tôt de se laisser emporter par ses émotions ils enverraient une patrouille immédiatement pour faire des recherches et la conseillait de rentré chez Elle eux de leurs côtés ils feront leurs travail. Avec son pagne en dentelle Rama essuyai ses larme et remerciait le commandant qui la réconfortait toujours, elle rentrait à la maison et trouva que tout le monde était inquiète car depuis le matin elle était sorti sans dire où elle allait sa fille Aprile pleurait a chaude larme personne ne pouvait la consoler sa maman elle-même venue avait fait tout son possible mais elle pleurait toujours, les voisines la conseillait de l'amener à l'hôpital mais une vielle d'environs les soixantaine la conseilla de la rincer avec l'eau d'hysope triturer mélanger avec un peu de sel cela pourra la soulager. On lui demanda les raisons mais la vielle n'a voulu rien dire, Rama a couru vite chercher les feuilles d'hysope pour préparer l'astuce qui finit par Soulager la petite fille et elle s'endort. La vielle assise a remarqué l'action et ses larmes commençaient a coulé elle faisait tout pour que Rama ne sache qu'elle versait des larmes. Désespérer Blaise continua à pleurer en attendant sa mort, les yeux rougis et enfler comme si ils allaient désorbiter. Un vent froid qui soufflait à une vitesse lui amenait à comprendre qu'il n'était pas temps de s'apitoyer sur son sort il devait respecter les dernières volontés de ses amis. Il se lève prend ses habits qui commençaient à se refroidir à cause de la montée des vents froid sur le littoral ; ensuite il rentre chercher des branches et des feuilles dans la petite foret qui faisait face à la mer pour construire une petite tente en attendant le passage d'un éventuel navire ou pêcheur. Dans cette obscurité les bruits du craquement des branches et des feuilles mortes sous ses pieds le bruit des vagues qui venaient s'écraser sur le littoral lui faisait tourner de gauche à droite, le jeûne homme pénètre lentement dans cette foret en ramassant des long branches et des lianes, près d'un grand arbre il trouva une mousse sec qu'il enlève en grande quantité et il ressort comme il était rentré. Arriver au niveau de la plage il repart dans un coin ou la visibilité face à la mer serait favorable et aussi un peu à l'abri de la fraicheur, il dépose les branches et les lianes et commençait à creuser quatre grands troue dans lesquels il mettait les longs branches pour former un carré et commence ensuite avec les lianes il attache les petits branches aux longs en faisant le tour du bas jusqu'au niveau où il procèdera à la pose du toit. Petit à petit la maisonnette prend forme il était tellement épuisé qu'il a voulu se reposer mais une voix intérieur lui disait de continuer toujours jusqu'à la fin. Dans sa chambre Rama préparait la couchette de sa fille qui dormait toujours et celle de son garçon de sept ans qui avait fini de faire ces exercices donner le matin à l'école. Elle s'assoit sur le canapé pense et repense sur la situation ne trouva pas comment la gérer elle se mit à genoux et commence à invoquer son Dieu comme dernière espoir de retrouver son marie et ses amis. En plein prière elle entend quelqu'un toquer à la porte elle s'empresse pour aller regarder qui il s'agissait c'était la vielle dame qui était venue s'imprégner de l'état de la fillette, Rama la fait savoir qu'elle dormait toujours. La bonne vielle dame lui dit que les signes que la fillette a manifester ne présageait rien de bon mais qu'ils doivent rester positive et prendre le bon côté des choses en attendant elle conclue en lui souhaitant une bonne nuit et retourne chez elle. Rama ferma sa porte et se couche sur le lit en attendant le sommeil qui tardait à venir ces yeux étincelait de larme comme celle d'un chat en chasse en plein crépuscule. Finit de faire l'essentiel du travail Blaise devrait aller encore en forêt pour chercher quelques tiges afin de finaliser le toit car le peu de tige qui restait ne pouvait même pas débuter il pend son courage et rentre son mal de ventre qui a recommencer lui faisait ralentir à chaque pats mais il n'abandonnait pas. Petit à petit il arrive à ramasser les tiges qu'il assemblera avec les feuilles afin de faire un toit, il était cinq heures du matin le jeûne homme concentrer avec un cœur à moitié fissurer c'était toute sa vie qui avait complètement basculé il ne se sentait plus vivant ses émotions avaient presque disparus, quand il finit de faire le toit il prend les feuilles qu'il dépose dessus et cherches des pierres qui seront ensuite poser sur les feuilles pour ne pas qu'elles se volatilisent sous l'effet du vent. Finit la construction il voulait entrée se reposer mais tous d'abord il devrait faire un petit feu avec la mousse et fagot de bois qu'il avait prévue pour ça il devrait aussi chercher quelque chose à manger mais il fallait faire le feu. Il entre dans sa maisonnette et prend les deux fagots de bois plus de la mousse sec, il creusa un trou à l'intérieur du gros fagot dans lequel il introduit de la mousse ensuite il prend le petit fagot qu'il met dans le trou et commence à frotter l'un contre l'autre sans arrêter, quelques minutes plus tard la fumer commençait à s'échapper du trou il continua jusqu'à obtenir des étincelles qu'il souffle ensuite et voilà la flamme qui jaillit au sein de cet paradis remplie de mousse. Il introduit des petits branches et commence à se réchauffer, dans sa tête défilait la scène qui s'était dérouler il revoyait Chamberlain frissonner dans l'eau prononçant ces dernier vœux et thomas qui sautait pour lui sauver la vie. Pourquoi la vie pouvait être si cruelle ? Pourquoi ? Les yeux continuaient à projeter les cordes de larmes qui se versaient sur sa figure. Il décida de se lever pour chercher quelque poisson échoué sur la plage ou les œufs de tortue pour griller et manger malgré les douleurs abdominaux, il commence ces recherches en s'éloignant petit à petit de sa maisonnette arriver à un certain niveau il voyait une mère tortue qui creusait un trou, il s'arrête un instant en la regardant et continua sa route sans essayer de voir si elle allait pondre. Arriver près de quelque rocher il essaya de descendre dans un petit trou présent entre les deux rocher quand tout à coup il voit un poisson bloquer entre les deux rocher il enleva le poissons et retourna pour manger. Quelque minute plus tard il voit de loin sa case en feu comme une dynamite il avait envie d'en finir avec sa vie. Ne pouvant plus rien faire il se met à genoux et demande à Dieu ce qu'il avait fait de mal pour mériter tous ce problème, d'abord ses amis maintenant c'est sa destruction il veut, « tue moi maintenant » disait-il en se laissant tomber sur le sol. Le cœur meurtrie l'envie de se suicider commençait à affluer son mental il se lève se met nue et crie très fort en demandant à dieu de lui ôter la vie les yeux remplies de lac de larme qui se transforme petit à petit en fleuve mais la rage l'empêchait de pleurer. Il s'assoit près de sa case en feu en attendant son dernier heur quand tout à coup il voit une éclaire qui frappe très fort le sol près de lui il se lève et dis à haute voix si c'est pour faire le mal tu es pressé je t'ai demandé de sauver mes amis tu la fait ? Mon seul abri qui allait me permettre à survivre dans cette fraicheur tu la protéger ? Tue moi et c'est fini. Sous l'éclaire sort deux silhouettes rayonnant qui se dirigent vers lui ils étaient plus rayonnant que le soleil, les rayons qui émanaient d'eux étaient si doux qu'ils pénétraient le corps sans le blesser à tel point que leur contact nous amène à apprécier la vraie valeur de la vie. Blaise restant longtemps dans cette situation perplexe. Ces deux hommes étaient Chamberlain et Thomas plus jeune et plus beau Blaise pris peur et se demandait si il était réellement vivant il se regarde et regarde ses amis qui souriaient en s'approchant de lui, il prit confiance et s'arrête en les regardants s'approcher en flottant il se dit qu'ils étaient venue le réconforter ses larmes recommencèrent à couler il leurs demande si ils étaient vivants, « frère nous sommes vivants mais dans l'autre monde car l'âme ne meurt jamais notre heure de quitter ce monde physique était arrivé ce qui s'était manifester par tous ce phénomène » disait Chamberlain il lui remercia encore pour l'amour qui émanait de son être et qu'il laisse continuer cette émanation de son être car le salut y résidait. Il lui dit de croire en la vie et à ses merveilles d'être le créateur de son avenir car l'esprit a cette capacité il doit la développer et le maintenir. Thomas ajouta : « regard tous ses feuilles on les dits souvent morte mais elles ne le sont pas elles vont redevenir minéraux qui seront absorber par le sol afin de permettre aux autres plantes de les utiliser pour remplir leur rôle dans le maintien de l'équilibre entre les différents éléments constitutifs de cette environnement, rien n'est perdu tout change d'état, nous voilà actuellement ici notre physique est dans l'eau qui sera repêcher plus tard, continue de vivre ta vie pleinement en amour nous avons été accueilli par ton papa mes oncles et amis qui nous ont laisser plutôt et ils nous ont beaucoup aider dans notre transition. La plus part d'entre eux étaient ici avant de partir dans l'autre monde ils continuent de nous venir en aide à chaque moment difficile de notre vie mais seule quelques-uns parmi nous avons la capacité de canaliser leur énergie, c'est eux qui sont communément appeler medium voyant etc. frère nous t'aimons ton heure n'est pas encore arrivé profite de ces bon moment dans cette dimension nous seront toujours avec toi au moment venu nous seront là pour t'aider afin de faciliter ta transition ». Venue en éclaire l'esprit de ces deux fidèles amis disparaît dans le néant, Blaise resta mort sans pourvoir rien faire quelques instants plus tard car ce qu'il venait de voir n'était pas un conte que raconter les sages à la tombée de la nuit mais une réalité. Le fleuve de larme fermer les yeux étincelant dans ce noir comme les gyrophares d'un camion en ascension, Blaise se retourne pour analyser la situation quand il voit un navire qui venait en sa direction il enfile ces vêtements et s'approche près de la mer en faisant des signes. Peu de temps après le navire s'arrête et le commandant de bord vient au secours de l'inconnu, arrivé le commandant lui fait savoir qu'il avait l'impressions que c'était un navire qui était en flamme il avait donc fait un tour pour venir en aide aux occupants qui étaient en difficulté, Blaise lui dit que c'était le cas mais que la plus part des occupants avaient perdu la vie il était le seul rescaper, il raconta la tragédies au commandant de bord qui lui proposait de le ramener chez lui. Entrée dans le navire on lui permet de se doucher de manger et de se reposer dans une chambre bien chaude, Blaise restait pensif et finit par s'endormir. LA nuit a été longue remplis de souvenir et d'imagination Rama se levait difficilement du lit mais lorsque sa fille à commencer à pleurer elle la prenne dans ses bras et l'alimente aves les seins, la bonne dame n'avait pu rien mis dans son ventre la veille, elle était si faible et se demandait a quoi servirait sa vie sans Chamberlain, mais elle essayait de trouver un réconfort à travers les conseils du commandant. Le bruit des Cyrène, du déchargement des cargos, des hommes qui donnaient les indications concernant le positionnement des marchandises, il était 12h arrivé au port Blaise se réveille et retrouve le commandant de bord dans sa cabine qui réglait les derniers papiers avant de céder place à son vice commandant. Blaise le salut et ils passent quelque minute à causer le commandant lui fait part de sa compassion et l'encourage surtout à faire de son mieux pour honorer les derniers vœux de ses amis. Les salutations les remercîments se multipliaient à tel point que Blaise avait commencé à verser des larmes, un au revoir chaleureux du commandant envers son nouvel ami qui descend du navire et se dirige au centre de recherche marine qui se trouvait a quelques centaine de mètre du port. Arriver au centre de contrôle marine il fut reçu par le secrétaire qui lui fait patienter un instant car le commandant donnait des directives aux gardes de nuit. Il resta assis un bon moment cogitant encore et encore la tête baisser les mains faisaient des allers retours de la tête aux cuisses, le secrétaire l'interrogea si tout allais bien il répondit négativement. Quatre hommes sortis du bureau du commandant et le secrétaire lui donne l'autorisation de rentrer. Blaise se dirigea dans le bureau du commandant le salut et s'assoit, il lui dit de patienter un instant avant qu'il finit de signer un document ; toujours les mains sur la tête penchée regardant le sol le commandant remarquent son état et ferme son document pour lui demander le motif de sa présence

.Blaise se redressa et commence le film qui c'était dérouler ce mercredi treize au environ de quatre heures ayant couté la vie à ses meilleur amis. Le commandant resta silencieux le fixant d'un regard d'empathie ne trouva pas les mots immédiatement à lui dire, n'ayant plus la force de retenir ses larmes blaise baisse la tête et commence à pleurer car l'émotion de leurs séparation brusque résidait toujours. Le commandant se lève lui tapote le dos en lui disant d'être fort car ce n'était pas permis à tout le monde de vivre ces genres de situations et de pouvoir être stable mentalement, il lui tendit du lotus pour qu'il puisse essuyer ses larmes. Le commandant lui fit savoir que une femme du nom de Rama était passé ici dans la soirée du treize pour annoncer la disparition de son mari et de ses amis Thomas et Blaise et qu'ils avaient Envoyé une patrouille qui n'avaient rien trouvé à part une lampe. Blaise lui confirma que c'était bien eux que cette dame cherchait car elle devrait venir vers les sept heures du matin pour récupérer les poissons pêcher afin d'aller les vendre l'argent issu de ces ventes allait être utilisé pour acheter de la nourriture pour la famille. Le commandant resta perplexe sans pouvoir rien dire il appela le secrétaire et lui dis de reporter ces rendez-vous car il va être absent pendant quelques heures, le commandant proposa à blaise de l'accompagner. Avec deux gardes ils se rendirent dans la famille de thomas, trouva le papa inquiet de l'absence de son fils coucher sous un arbre écoutant la radio, il se redressa brusquement en voyant blaise arriver avec des hommes armer pris peur la première phrase qu'il fit sortir de la bouche était : «qu'est-il arrivé à mon fils ? » la maman dans la cuisine entendu le cris du papa laissa tomber la calebasse d'eau qu'elle tenait en main qui se brisa en quatre grosse partie. Blaise ne put rien dire à cause de son émotion le commissaire s'approche près de lui et lui raconta que son fils avait perdu la vie le matin du treize, il lui raconte tout l'histoire à la lettre tel que blaise lui avait dit, le père resta bouche-bée la perte de leur unique fils biologique thomas venait de plonger la famille dans une tristesse inconsolable, il tourna la tête et voit la mère de thomas en larme dans la cuisine qui avait ressentis plutôt que quelque chose allais mal se dérouler mais l'incapacité de transcrire ses intuitions en information la mettait dans un état de supposition. Quand elle a vu blaise et les hommes armée rentrer elle a su que quelque chose était arrivé à son fils ce qui a fait que après le crie du papa la calebasse glissa entre ses doigts et tomba en se brisant en quatre grande partie. Le père se leva et entra dans la cuisine pour faire part de la situation a sa femme qui tomba dans une pleure incontrôlable malgré les réconfortassions du papa à tel point quel se laissait trainer par terre en disant : « Hé ! Dieu mon seul fils pourquoi me là tu donner sachant que tu allais le reprendre ? Pourquoi ne ma tu pas pris a sa place ? Je ne pourrai jamais l'accepter Tu nous as enlevé sans lui laisser le temps de nous dire au revoir ... » le père fonda en larme lui aussi ne pouvant rien faire il essaie de se montrer fort face à la situation il sort chercher la voisine l'informa de la situation pour qu'elle puisse venir réconforter sa femme qui lui aussi entra en pleur car elle se souvenait toujours des dernières conversations qu'elle avait eu avec Thomas. Une délégation c'est immédiatement former pour aller chez Chamberlain qui était des expatrié de pays TOCE ; il c'était établie à NAHA il y'a de cela plus de dix ans à cause d'un conflit politique opposant deux parties politique qui a entrainer de millions de morts et des déplacés, les habitants de NAHA les ont accepter en tant qu'un des leurs et ils se sont immédiatement intégré dans cette nouvel environnement. Le peloton marchait lentement Blaise avait la tête baisser le commandant lui tapotait le dos pour qu'il se redresse et marche normalement mais le jeune homme continuait toujours après quelque minute de marche, la situation était plus fort que lui arrivé à la dernière intersection, ses larmes commencèrent à déborder leurs nid il s'arrêta et avec son tee-shirt il essuya difficilement le passage de ces larmes et il reste un peu avant de suivre la délégation qui s'était pas rendu compte que blaise s'était arrêter. Arriver devant la cours ou Chamberlain habitait le commandant à remarquer l'absence de blaise il s'est retourné et le voilà marcher venir il ne lui a pas posé la question car il avait vécu cette situation a la perte de son ami Kader lors d'une mission de reconnaissance mener sur un navire contenant des stupéfiants. Entré dans la cour la vielle dame qui était assise faisant la vaisselle se lève immédiatement et rentra dans sa maisons elle attrapa sa tête et fondit en larme les résultats des pleurs de la fillette venaient de tomber, Le père de thomas qui était à la devanture toqua la porte de la maison de Chamberlain, rama qui balayait la chambre courut sortir lorsqu'elle vus ce beau monde sans son mari. Le crie surgit de nulle part elle se laissa tomber sur le sol en tournoyant par-ci par-là son pagne se détachait la laissant moitié nue Blaise accouru et prend le pagne le dépose sur elle pour masquer un petit peu sa nudité le père de thomas les appels de sortir un temps pour la laisser se calmer un peu. Quelque minute plus tard le vieux Alphonse eu le courage pour rentrer dans la maison le commandant le suis ensuite Blaise et les autres, Rama était toujours coucher à terre mais les pleures avaient diminué mais elle était toujours sous l'emprise de ses émotions. Elle se redressa un peu mais avait des difficultés à fixer du regard la délégation, les enfants qui étaient dans la chambre continuaient après avoir vue leur mère en pleure, le vieux usant de sa sagesse appel le grand frère et lui remet quelque centimes pour qu'il part acheter des bonbons et essuya ses larmes, l'enfant sortit de la maison il s'adressa à rama e lui expliquant dans tous les détails ce qui s'était passé le 13 qui avait couter la vie à son mari et a lui son fils et comment Blaise avait pu rejoindre le littoral. Tous ces propos était comme un poignard qu'on enfonçait de plus en plus dans le cœur de la bonne dame, elle ne pouvait pas parler seule les larmes défilaient sur sa figure. Blaise essaya de la parler mais elle restait muette sans rien dire encore et encore. Ils s'asseyent quelque minute et voilà la vielle dame qui vient toquer à la porte elle entra trouver Rama assise à terre et la délégation présente elle les salua et demanda à la bonne dame d'être forte car ces genre de situations arrivaient dans la vie et il fallait prendre le côté positif, peu de temps après Alphonse sorti et fit appel à la vielle dame en lui demandant de veiller sur Rama et de l'informer si un problème survenait, elle l'accepta et entra s'asseoir près de la bonne dame. La délégation de manda ensuite la route tout le monde se leva y compris Rama pour les accompagner mais Blaise demanda à Rama de ne pas se déplacer de rester à la maison qu'il viendra plus tard. Ils sortirent de la cours les réconforts et les cotisations se firent à l'endroit de la pauvre qui venait de perdre son mari et après tout le monde rentraient chez lui. Le lendemain matin le père de Thomas se rendit chez le commandant, ils se mobilisent pour aller chez blaise afin de se rendre chez les gardiens des eaux. Arriver le son des vague et la fraicheur de l'eau se faisaient sentir alors qu'ils étaient à des centaines de mètres de la mer, arriver une foule était assise chacun était venu pour ses préoccupation tels que le succès, la santé la procréation etc. Sur le lieu les gens se levèrent pur saluer le commandant et ses compagnons, Le vieux gardien sorti de sa case et les dires qu'il les attendait. Et il se dirige vers un canarie dans lequel il enlève deux œufs avec une calebasse ornée de cauris. Puis le groupe se dirige vers la mer pour procéder à un rituel, arriver le vieux gardien enleva sa calebasse et entre de plus en plus dans la mer sans pirogue les autres restait au bord de l'eau et regardait la scène se passer, plonge dans l'eau et disparait complètement. Blaise posa la question au commandant s'il avait déjà assisté à ce phénomène il répond positivement il a déjà assisté à plus d'une trentaine de fois. Quelque minute plus tard le vieux ressort et resta quelque minute et replonge au fond de l'eau, le vieux Alphonse explique qu'il est en discutions avec les esprits de l'eau afin de pouvoir ramener les corps des deux hommes en surface. A la troisième reprise il remonte avec une puissante vague qui vient déposer les corps des deux hommes près de Blaise, le vieux sur une autre vague arrive et descend comme étant sur une planche de surf. Il explique aux trois hommes que les corps étaient bien protégé par les esprits de l'eau car ces personnes étaient humble juste dans ce qu'ils faisaient blaise fondit en larme en voyant les corps de ses amis intact comme s'ils étaient toujours vivants. Le père de thomas s'inclinant sur le corps de ses braves jeunes et remercia le vieux gardien. La plage fut à un instant bonder par les spectateurs venues de toutes part les personnes qui les connaissaient fondaient en larmes aussitôt le commandant fait appel au corbillard de la marine qui vient prendre le corps des deux hommes. Le vieux gardien les conseilla de laisser les corps tels qu'elles sont et de les enterrer sur l'ile en question ou était refugier Blaise. Quelque jours plus tard les funérailles furent organiser et l'enterrement eu lieu sur l'ile qui sera renommer ``ile de l'espoir´´. Cette espoir est en chacun de nous, il arrive souvent que nous sommes face à des situations les plus difficiles de notre vie c'est en ce moment que nous devons murir notre espoir à un avenir meilleur, nous ne devons pas nous focaliser sur le mal qui nous arrive nous devons nous focaliser sur son côté positif c'est-à-dire le contraire de ce problème cela facilitera considérablement le changement de la situation et y croire pour y arrivé, si nous nous focalisons sur ce mal nous allons le multiplier des dizaine de fois et cela persistera dans notre vie fut le discours du vieux Alphonse au funérailles. Blaise se mariera avec rama quelque mois plus tard et restera avec elle sans la toucher il meurt trente ans plus tard après le décès de Alphonse et du commandant cinq à seize ans avant lui. Rama vécu quelques années et rejoint ces maris, son fils devient plus tard le nouveau homme fort de la marine pour ne plus permettre à un enfant de perdre son père suite à un naufrage et sa fille se marie au président de la république ».

J'ai donc compris en ce moment que c'était mon âme qui avait quitté mon corps et qui planait au-dessus, les médecins qui continuaient toujours de faire leurs travailles je regarder mon ventre ouvert et certains parties de l'abdomen, c'est lors de cette opération que mon âme a dû quitter mon corps j'ai donc décidé de quitter ce lieu pour me concentrer dans la dimension ou j'étais afin d'avoir plus de connaissance qui me seront utile, j'ai donc décidé de repartir aux niveau des arbres vivantes, arrivé dans ce milieu je me suis rapprocher de l'arbre et par ma pensée j'ai demandé à l'arbre de permettre à ses particules de vie de pénétré en moi afin de me ravitailler en énergie. Les particules qui se dirigeaient uniquement dans l'arbre se sont divisé en deux groupes un groupe se dirigeait vers moi et l'autre vers l'arbre en question je me suis laisser emporter et je sentais de plus en plus que mon taux vibratoire augmentait à chaque monter des particules en moi avec une synchronisation d'une précision inexplicable. Les particules décharger étaient remplacer par les particules charger ce qui expliquait ce phénomène d'augmentation du taux vibratoire. Les rayons etc. je faisais qu'un avec tous les composants de ce milieu, ma pensée tait la pièce maitresse qui déclenchait la manifestation de certaines phénomènes ce que je souhaitais se réalisait immédiatement depuis que mon taux vibratoire a atteint un certain niveau très élevé. J'ai souhaité le contact avec notre père qui nous avait quittés quand j'avais douze ans et me voilà transporter dans une dimension splendide, j'avançais lentement en admirant les merveilles création de ce milieu et voilà une silhouette rayonnant assis sur un roc je m'approche et c'était mon père encore plus beau que celui que j'avais vue sur la photo. Et par la pensée il me fait savoir qu'il m'attendait je lui demande comment il avait su que j'allais venir il me répondit que nous sommes tous les composant d'un même puzzle si tu restes attentif tu peux arriver à déterminer avec exactitude tous ce qui se fera dans les prochaines périodes à venir c'est là que j'ai compris ce qui voulais me faire passer comme message et il ajouta : « ce n'est pas ton heur pour le moment de nous rejoindre ce processus était pour te permettre de comprendre certaines choses ; ce que tu viens de traverser dans la dimension précédente ta permis de voire une autre réalité de la vie qui diffère de celle qui se présentent dans votre dimension physique, ce n'était que le début d'un long voyage que tu dois mener avec sagesse et amour afin de récolter les connaissances nécessaire qui te servirons dans le monde physique afin d'apporter un peu d'espoir d'amour aux autres. Tu dois laisser aller les choses et les observer sans apporter des jugements car il est facile pour vous dans cette dimension de se tromper tu vois tous ce qui est ici les particules que tu voyais circuler les animaux les plantes etc. nous sommes tous des composants qui sont appeler à faire partie d'un même puzzle, la plupart d'entre vous détruisent à petit feu directement ou indirectement votre dimension, chacun veut changer le monde à sa manière n'essaie surtout pas de rentrer dans cette manière de pensée tu peux changer ta vie en ce qui concerne le monde il est complétement difficile car il y'aura toujours des personnes qui s'opposera à toi si vous diverger en penser malgré ta bonne foi laisse la nature faire elle-même ces recyclage et soit un élément spectateur tu verras la vérités cachés. Tu n'es pas la première ni la seule personne venu dans ces genres de dimension pour acquérir des connaissances de guérison ou autres mais la différence entre vous est qu'il y'a des personnes qui viennent volontairement et d'autre non ce qui a été ton cas. Je vois que tu veux me poser plusieurs question à la fois essaie de t'ordonner dans tes penser tu veux connaitre l'existence de Dieu ? Cela est facile à comprendre il faut tout d'abord que les gens arrête de se faire des imaginations c'est ça qui les conduits dans l'ignorance absolue ce qui fait la plus part d'entre eux pense toujours connaitre alors que ce sont les suppositions qu'ils prennent pour connaissance et la masse les suivent comme ça, les gens se dissocient de Dieu comme il est un être à part vous crée un espace imaginaire vous lui laisser et vous le vénérer la majeur partie de ceux qui font ça sont eux qui n'assument pas pleinement leurs responsabilité toujours c'est eux qui blâmes les autres les menant responsables des problèmes qui les arrivent. Si je paris que dieu est en moi ou vais-je le chercher ? Mais nous voulons les choses faciles ce qui nous appauvrit spirituellement il faut chercher à connaitre ton identité et le fonctionnement de la nature je ne dis pas que les groupements spirituels ne peuvent pas aider à atteindre une divinité mais rare sont celles qui prônes sur l'éveil individuel. La plus part sont figé sur le matériel ce qui les éloignes de la voie royal qui mène à l'ascension de l'âme il faut éveiller le Dieu qui est en toi ce lui qui te permettra d'entre en contact permanent à l'énergie suprême qui est appeler Dieu dans nombreux culture vous l'avez personnifié ça aussi ce sont des illusions qui favorisent a certaines groupement spirituel car il crée des égrégores en fonction de cette personnifications à des fins purement matériels le fidèle ignorant est là sans rien connaitre pense réellement à ce qu'on lui dit ce n'est qu'après leurs morts la plus part se rendent compte plus tard que leurs imaginations à forger leur nouvelle vie dans ce monde et ils reviennent encore et encore jusqu'à ce qu'ils comprennent la réalité des chose et ascensionner. Oui la réincarnation est belle et bien réel pense tu que tu viens faire ta vie et repartir définitivement ? Il faut essayer de bien réfléchir sur ce sujet, il Ya combien de personnes sur votre planète êtes-vous identiques par rapport à votre situations de vie ? Qu'est ce qui est à l'origine de ces genres de différence si vous êtes née de la même manière ou de la même famille ? Chacun est là pour une mission d'évolution qui ne concerne que le domaine vibratoire si tu n'as pas été capable de purifier tes énergies afin de hausser ton taux vibratoire cela signifie que tu n'as pas retenu la leçon que tu es venu apprendre donc tu dois reprendre la classe c'est-à-dire revenir dans cette même classe ou dimension pour réapprendre. Il y'a d'autre ce n'est quand étant a des âges avancer qu'ils commencent à prendre conscience de cette réalité et c'est trop tard pour eux, tu peux les remarquer facilement dans leurs nouvelle réincarnation car ils ont des comportements très contrôler on les appelle souvent les jeunes aux comportements de vieux. Ces personnes ont seulement quelques enseignements qui les manquent pour passer dans d'autres dimensions. Ne pensez pas que vous êtes les seules dans cette situations il y'a des milliard de galaxies et d'univers qui sont liés comme les différentes couches d'oignons qui regorgent des vies différencier en fonction des taux vibratoire eux tous subissent ce phénomène d'ascension. Dieu existe belle et bien il est en moi en toi en tous ce qui existent physiquement ou non mais ce n'est pas son existence qui est la plus importante mais ce que nous faisons de lui qui importe le plus. Tu as envie de voir ta maman je le sens en toi elle n'est plus ici elle a pu ascensionner vers une autre dimension comme je t'expliquais il me reste aussi peu de temps ici c'est toi que j'attendais avant, tu ne peux pas la rejoindre car ta fréquence vibratoire est encore basse, il faut donc attendre quand tu seras libérer de certains fardeaux terrestre c'est en ce moment que tu pourras demander d'être en contact avec elle en fonction de sa disponibilité. Ta sœur traverse des périodes difficiles mais ce n'est pas pour la faire souffrir mais pour la faire comprendre certaine choses de la vie ce qui va la permettre de purger rapidement certaines peines et ascensionner plus vite si elle reste toujours dans l'amour. Il se peut que vous vous rencontrez ces elle qui viendra à toi. Je ne peux pas te dire plus sur ca mais sache qu'elle est en lieu sûr. Tu étais ma dernière mission sur cette dimension, nous ne sommes pas seule ici, j'ai créé via ma pensée ce cadre pour toi afin de te rappeler certains souvenir d'enfance, ce que tu veux tu peux l'obtenir par ta penser et l'énergie que tu utiliseras pour accélérer la réalisation de ce désire. Dans votre monde quand vous voulez créer quelque choses vous emprunter des éléments a la nature pour le faire ici aussi ces pareil mais la différence se trouve au niveau de la nature de la chose car notre dimension est subtiles et le vôtre est physique. Tu veux savoir il y'a plusieurs types de corps que vous possédez il y'a le physique et les subtiles je vais te les décrire en créant une image par qui te permettra de comprendre.

Le corps physique ou encore corps de l'expérience est le véhicule de l'âme qui lui permet d'expérimenter sur cette terre les expériences de la vie ; en d'autre terme le corps physique permet de purger les dettes karmiques grâce aux différentes épreuves que l'intéresser rencontrera dans sa vie physique pour lui permettre d'avancer et devenir êtres de lumières. Ce corps physique doit être bien entretenue pour pouvoir utilisé et maintenir en bon états les autres corps énergétiques afin qu'ils puissent bien se connectés avec la conscience cosmique ce que la plupart d'entre vous appelez Dieu. Si une personne entretiens mal son corps physique il aura des difficultés à se connecté puisque les énergies des différents chakras (centre énergétique) seront déséquilibré tu as regardé la circulation des particules que tu as nommé particules de vie dans les éléments que tu as vue c'est parce-que l'élément en question est bien entretenu c'est pourquoi tu voyais les particules circuler dans un ordre bien précis. Il faut s'alimenté avec des aliments purs et naturel car le corps physique a besoin des éléments vivantes qui peuvent lui apporter une vie et non un agent destructeur, vous avez modifié la plus part des produits que vous consommez sous prétexte de lutter contre la faim, il faut arrêter ce système de monopolisation et vous verrez que vous parlerez plus de faim. Il faut procéder souvent à malaxer les centres énergétiques pour propulser leurs énergies dans tous le corps physique afin de lever certains blocages souvent par la méditation le sport cela permettra le développement normal ou le changement des cellules qui sont les centres énergétiques des organes du corps ; c'est dans ce sens que cette pensé : « un esprit saint dans un corps saint » prend sa source. Il faut savoir aussi que le physique est le siège de l'aura et des différents centres énergétiques du corps qui sont au nombre de sept, le physique est relié plus particulièrement au premier chakra qui est la racine de couleur rouge situé au niveau du bas de votre colonne vertébrale. Le physique a une intelligence bien organisée et c'est cette intelligence qui vous permet de changer les conditions dans lesquels vous êtes à un instant donné. Comme illustration, si je mange du riz et que tu manges ces mêmes riz tu ne deviendras pas moi et vice versa. C'est l'intelligence physiologique que le physique possède. Il faudra aussi noter que si vous arrivez à permettre aux physiques d'atteindre son plein potentiel, il sera capable de vous faire sentir les énergies dans un milieu donné afin de vous aider dans vos prises de décision dans ce milieu et aussi d'éliminer les cellules mortes plus facilement ce qui va vous rajeunir et vous permettre d'avoir une longue vie sans maladie. Si vous ressentez des énergies lourdes ou que vous n'arrivez pas à respirer dans un milieu, c'est que vous êtes victime de vampirisation énergétique, c'est ce qui se passe généralement quand vous êtes dans un milieu où il y a plusieurs personnes ; ce fait s'explique par la multiplicité des pensées différentes émises dans ce milieu si ces pensées sont majoritairement négative vous allez être vampiriser au cas contraire vous allez ressentir une augmentation énergétique. Quand ces genres de situation se produise il faut impérativement quitter ce milieu au risque de perdre tous ses énergies il y'a aussi certaines cas tu vois quand tu fais le sport ou la dance où tu parles tu penses-tu dégage trop d'énergie qui peut profiter à n'importe qui ou n'importe quoi qui s'en Sert il faut donc arriver à contrôler le système énergétique du votre corps. Toi tu as développé la maladie de la tumeur à cause de quoi ? Regarde ta tumeur Quand nous voulons bien voir tu as attiré cette maladie de tumeur en toi quand tu avais été mis au courant que ton amie Rachnel était tombé malade de la tumeur tu te mettais toujours sa place en pensant en imaginant comment elle pourra guérir de cette maladie, tu t'es laisser emporter par ton imagination à tel point que tu à appeler la maladie en toi ce qui a entrainer un échange énergétique entre toi et la maladie concernée. Beaucoup de personne sont victime de cette souffrance crée par leurs propre imagination et ce sont ces imaginations qui forgent leurs futures, maintenant Rachnel se porte très bien, elle n'a pas subi d'opération comme toi de la manière que la maladie est venue c'est de cette même manière qu'elle est partie au lieu de vous focaliser sur le coment de la disparition de cette maladie vous l'avez attribué au miracle, personne à part elle ne pensait qu'elle allait se remettre. Elle s'est donné à son propre esprit l'élément nécessaire pour permettre à tes éléments de vie de venir remplacer celle qui est mortes afin de lever le blocage qui a entrainé un entassement de ces éléments de vie à ce niveau de son corps. Toutes les personnes ayant ces genres de mentalité réussissent facilement dans la vie car elles permettent à leur esprit de se surpasser et d'atteindre leur plein potentiel. Comme je te le disais un simple contacte avec une personne entraine un échange énergétique, je ne te dis pas de pas aller la voir mais contrôle tes énergies quand tu seras avec elle ou avec une personne qui émettes des vibrations faible par rapport à la tienne. Quand deux charges sont éloignés l'une de l'autre la rection est quasi nul par contre si elles sont rapprochées à une certaine distance il y'aura forcément échange de particules. Lorsque tu désir ou tu t'opposes à quelque chose tu dégage une énergie puissante concernant la chose en question et quand tu es dans un environnement également tu capte les énergies de cet environnement qu'il soit positif ou négatif vous n'êtes pas seulement des émetteurs mais aussi des récepteurs. Dans l'univers il y'a des canaux de transmissions ou canaux d'échanges ces canaux sont neutres, quand tu émets un sentiment de répulsion concernant une chose elle emprunte le canal qui le neutralise et la chose en question capte ta penser émis qui a été neutraliser et satisfait ta demande en t'envoyant une énergie concernant la chose et cela est le même lorsqu'il s'agit d'un désire également. Tu as repoussé la maladie en questions qui à emprunter le canal qui neutralise la négation s'est transformé dans le canal en désire et voilà tu as manifesté la maladie. Tu peux aussi prendre comme illustration avoir l'amour de ta vie en envoyant une énergie contenant toutes les caractéristiques que tu veux avoir dans ta vie cette énergie empruntera le canal qui lui est dédié car ces canaux aussi diffèrent par leurs vibrations l'effet de neutralisation ne pourra pas agir car il s'agit d'un désir positif, cette énergie sera en contact avec la personne qui émane la même énergie qui a été émis et tu l'attirera forcement en toi si tu continues d'être stable sur cette fréquence. Ce qui vous arrive sont les conséquences de vos pensées parmi les corps subtiles que vous avez il y'a un corps appeler corps éthérique encore appeler corps vital, c'est le premier corps constitué de matière subtils (très sensible) qui est plus proche du physique et est semi-matériel il faut s'avoir que ce corps englobe, pénètre et déborde du corps physique de quelques centimètres et l'anime également sans lui le physique ne serait sans vie, il assure aussi l'activité des fonctions vitales et les échanges énergétiques au niveau des différents corps subtils, c'est dans ce corps que se trouve les méridiens, canaux d'énergie et les chakras qui captent les énergies cosmo-telluriques et les redistribuent dans tous les autres corps regardez votre planète, elle est un enfilement de plusieurs couches énergétiques que vous pouvez utiliser pour accroitre ou équilibrer vos centres énergétiques. Pour ceux qui peuvent le percevoir la couleur du corps hétérique va du gris au gris bleuté et même parfois au bleu vif ; son apparence reflète l'état de santé du corps physique et est relié au deuxième chakra (chakra sacré) Quand vous vous sentez épuisée sans avoir fournir un effort physique il faut savoir que le chakra sacré n'est pas convenablement alimenté ce qui entraine une fuite énergétique due soit à la vampirisation soit à un déséquilibre énergétique. Dans ces genres de situation il faut quitter le lieu s'il s'agit d'une vampirisation et purifié le corps avec de l'eau consacré tu peux utiliser le pouvoir de la parole pour le consacré ou autre afin d'éliminer tous les contacts physiques ou spirituels qui auraient entrainé la vampirisation. Si il s'agit d'un déséquilibre énergétique tu à plusieurs option tu peux utiliser le pouvoir de tous les éléments de la nature pour apporter cette équilibre comme par exemple marché dans la forêt ou être en contact direct avec la terre ou un arbre pendant la journée pour permettre les échanges énergétiques tu vois rien n'est compliquer si nous vivons sainement et en symbiose avec la nature.

Représentant du corps hérétique

A Kina le capitaine Thor qui avait organisé le putsch prend le pouvoir il fait l'annonce à la télévision BK1 avec les membres de son régiments. Comme un Messie acclamer par la majeure partie de la population qui trouvait que la gouvernance de l'ancien président Julien avait montré ses faiblesses par son impuissance face au problème de terrorisme qui conduisait de plus en plus le pays dans une destruction complète et totale. Apres l'annonce à la télévision BK1 de la fermeture des frontières maritimes, aérienne, ferroviaire et terrestre c'est suivie une dissolution de l'assemblé national tous les instituts diriger par les membres du régime de Julien ont été c contraint à arrêter leurs activités sur le territoire. Dans une sortie médiatique le président Thor avait fait un premier discours qui avait beaucoup touché le cœur des Kinois il conclue ensuite que la machine de la reconquête et de la reconstruction du pays devrait redémarrer le plus vite possible et qu'il comptait sur l'aide des kinois pour dénoncer les criminels du pays. A la fin de ce discours les hommes, femmes et enfants descendaient dans les rues pour faire la louange du nouveau homme fort du pays, avec des tambours des sifflets etc. la musique se faisait entendre dans presque toutes les grandes villes du pays sauf dans les zones instables mais on voyait un ouf d'espoir sur le visage des populations vivantes dans ces localités, les médiats de télévisions et de radio se faufilaient dans la population pour des interviews afin de récolter plus de popularité. Le media de télévision RK1 interroge un Historien nommé Dam qui affirme que le problème de terrorisme devrait être vue sur trois angles le premier concerne la politique le deuxième la religion et le troisième le problème ethnique. Il ajoute en plus : « ceux que nous appelons terroriste sont la plus part nos frères et sœurs qui vivent avec nous chaque jours le problème n'a pas débuter maintenant il faut le savoir nos actions égoïstes diviseurs sont les bases qui ont entrainé ce phénomène actuellement et cela profite à qui ? C'est là que commence les analyses. Si nous prenons le domaine politique un chef d'état qui aurait perdu son pouvoir au profit de son meilleur ami qui la trahit est capable d'user de ces relations pour déstabiliser le pouvoir du pays afin que les gens se penchent sur son cas pour qu'il revienne au pouvoir cela est possible, il y'a aussi le cas des puissances impérialistes si ces puissances voient qu'ils vont perdre leurs colonies sont capable de crée ses genres de problèmes pour être à la suite les pompiers afin que de maintenir toujours leurs dominations eux ils ont tous les moyens pour le faire. Si nous nous penchons sur le volet de la religion tous les religions dites divines ont commencé par ces genre de massacres afin de pouvoir s'implanter dans une localité actuellement les conflits religieux divisent de plus en plus les familles, les religions sont capable d'orchestre cela car ils disposent de plusieurs ressources que ce soit financier ou autres. Si nous prenons le volet du conflit ethnique cela est possible mais un peu difficile sur le plan financier et le côté généraliste car ce problèmes est sur le point de se généraliser ce qui montre ici que le problème du terrorisme est plus liés aux factions politiques et religieux qu'aux factions ethniques. Le pays était divisé le tissus des valeurs de cohésions sociales de la fraternité avait été déchiqueter par le népotisme, l'impunité et la mauvaise gouvernance. Le pays était la merci de lui-même chacun faisait ce qu'il voulait, il suffisait d'être en contact avec un supérieur du pays pour échapper à la justice la délinquance toujours réprimer par les autorités médiatiques était favoriser par les autorités politiques, la justice qui devraient montré la bonne démarche à suivre pour assurer la stabilité se livrait à des dinée gala organiser dans l'intentions de faire disparaitre des dossier tous ces maux le nouveau homme fort pourra-t-il gérer à lui seul ? Les divisions au sein de l'armé doivent être le facteur primaire à régler afin d'amener la sécurité dans les zones à forte défis sécuritaires». Furent les propos de Dam dans l'interview accordé à RK1. Quant à l'attaque du train de Tigui les enquêtes avançaient parmi les blesser qui avaient été envoyé à l'hôpital sept d'entre eux ont rendus l'âme la plus part qui restaient resteront handicaper le restant de leurs vies. Une ombre planait toujours sur le pays les institutions sous régionaux ont commencé à condamner le putsch et ont bloqué tous les projets de développement qu'ils avaient octroyé. Cet acte a été considéré de lâcheté par certaines personnes qui affirmaient que ces institutions qui devraient les aider dans la lutte contre ce fléaux sont resté inerte face à la souffrance des peuples malgré plusieurs demande d'aide c'est maintenant ils viennent pour dénoncer ce coups de force du capitaine Thor qui est venu prendre les responsabilités. Nous sommes prêts à souffrir pour défendre notre patrie aux mains des égoïstes, les politiciens assoiffés de pouvoir avaient vues leurs projets de soulèvement populaire déjouer car ils auraient aimé un civil à la tête de l'état qu'un militaire. Ils se réunissaient en cachette pour discuter de l'état actuel de la société et chercher des opportunités pour avoir une place au parlement pour ne pas perdre la notoriété.

A Ceran Ussa se préparait également pour son mariage avec Kevin, en effet leur union n'avait pas été facile à cause du problème d'appartenance religieuse. Cinq ans plus tôt Ussa était tombé amoureuse de Kevin qui lui aussi succomba à son charme depuis le campus ou ils se s'étaient rencontrées car en ce moment Ussa fréquentait dans la localité de Ceran. Ces deux tourtereaux faisaient tous ensemble et formaient un couple apprécié par plusieurs personnes. De naissance musulmane Ussa avait un père qui était focalisé sur les enseignements reçues par leur communauté religieuse qui stipulait que le mariage entre un membre de leur communauté à un autre appartenant à une communauté différente ne devrait pas se faire ce qui présageait que l'union entre Ussa et Kevin était impossible. Les questions qui se posent ici étaient de savoir si cette décision était une politique humaine ou divine ? Quel intérêt gagnera-t-il à détruire leur union et a marié sa fille à une personne appartenant à la même religion que lui ? Tifa la grande sœur avait refusé tout ingérence dans sa relation avec Adou qui lui était musulman mais pas dans la même branche que leurs père, elle fut bannit de la famille mais Adou avait fait tous pour la marier et lorsque sa petite sœur est rentré dans la même situation elle la conseilla de rester avec celui qu'elle aimait, car toutes choses basés sur l'amour devraient être entretenu car elle durera éternellement. Ayant perdu sa première fille il ne voulait pas en perdre la deuxième ce qui montrera son incapacité à diriger sa propre famille devant les membres de sa communauté ; le père de Ussa faisait tous en son pouvoir pour détruire cette union avant que ça ne soit trop tard. Ussa de son cotée était déterminer à ne pas détruire sa relation avec Kevin pour des questions d'ordre religieuse, les projets qu'ils avaient ensemble décidé d'entreprendre à la fin de leurs cursus universitaire allaient être définitivement abandonné à cause des égos de certaines personnes. Dieu est-il réellement amour ? Est-il le créateur de ses différentes religions ? Si c'était le cas pourquoi les représentants refusent-ils notre union toute cette question taraudait l'esprit du jeune homme. De son côté également il en avait parlé du problème à un représentant religieux de sa communauté qui lui dira plus tard de laisser tomber cette affaire et d'essayer de rentrer en relation avec une autre fille appartenant à leurs communauté ce qu'il refusa catégoriquement. Ne sachant quoi faire il voulait procéder à l'ancienne en fuyant avec Ussa ou à l'engrossant, quand il informant Ussa de sa décision elle usa de sa sagesse en lui disant que ce n'était pas la meilleur façon de procéder pour vivre pleinement et libre car ils fuiront toujours en cas de problème et ils devraient coute que coute surmonté cette situation pour grandir. Kevin la regardant avec un sentiment de désespoir qui continue de le ronger intérieurement. Un soir aux environs de dix-huit heures Ussa qui était allé rendre visite à sa sœur à Rican reçoit un appel de son père qui l'informa qu'il avait eu un prétendant pour elle qui serait partant pour un mariage au plus bref délai, il serait issue d'une famille noble respectueux des valeurs de la religion et serai prêt à ouvrir une boutique pour elle à conditions qu'elle accepte sa proposition en mariage. Elle laissa son père finir la description du jeune et lui informa qu'elle était déjà partante pour un mariage avec Kevin et que personne ne pourra la faire changer de décision ; comme un choc de deux géants le père reçoit pleinement sur la figure les paroles de sa fille qui l'énerva à tel point qu'il commença à bégayer en lui disant que si Kevin ne se convertissait pas en la religion musulmane il ne donnerai pas son accord pour leurs mariage. Ussa ne sachant quoi faire, dire à Kevin sachant qu'il va jamais accepter cette conversion ou de rester silencieuse sachant que son père allait la réprimander si il ne recevait pas une décision final les jours à venir, elle informa sa sœur qui la conseilla de rester sur sa décision et d'informer Kevin de la situation. Apres quelque minutes dans l'impasse Ussa appel Kevin mais son numéro ne passait pas, elle essaya à plusieurs reprise c'était la même prise peur elle appela Zanga l'ami de Kevin qui l'informa qu'il était allé faire un travail dans un village ou le réseau n'était pas bon il la conseilla de l'appeler très tôt ou très tard dans la journée situation ce qu'elle fait plus tard et réussit à la joindre. Apres quelque minute de communication elle raconta en détails toute la conversation à Kevin , il resta quelque minute sans rien dire les paupières de Ussa commençaient à s'alourdir à cause de la force des larme, elle épela son nom plusieurs fois sans qu'il ait réaction de sa part Kevin n'était plus sous le contrôle de lui-même les imaginations commençaient à remplir le mental du jeune à tel point qu'il ne savait plus quoi dire, plus tard il parle avec une voix presque morte en demandant à Ussa l'intérêt que gagnait ces religions à leurs conversion et lui dis de se reposer qu'il allait réfléchir sur la question en lui souhaitant une bonne nuit, Ussa raccrocha le téléphone l'envie de pleurer lui venait encore et encore mais elle essaya de supporter elle rentra dans sa chambre sans parler à quelqu'un et resta des heures en cogitant sur la situation jusqu'à dormir. Le lendemain matin ne pouvant plus tenir Kevin revient du voyage et se dirigea chez son ami Zanga pour lui faire part de la situation, Zanga l'écoutait longuement et lui dis ceci. « tu sais le problème de l'humanité est l'ego et l'ignorance la majeur partie de la population mondiale ne savent pas qu'ils sont sous l'emprise de leurs propre égo qui les insuffles des pensées qu'ils croient vrais, le plus pire de tous est lorsqu'ils usent de tous les moyens pour les faire accepter. Ils réussissent à avoir des partisans qui sont la plus part des ignorant qui ne savent pas qu'ils sont ignorants. Il y'a certaines personnes qui sont nos représentants choisies non en fonction de leurs sagesse mais par des critères remplis de corruption et ils profitent de leurs postures pour faire accepter leurs désirs c'est ce qui détruits depuis des dizaines d'années le vivre ensemble la cohésion au sein de nos sociétés. Tu sais le père pense que son future sera meilleur si il se bat pour ses genre de choses, on les enseigne comme cela profite plus à la communauté qu'a lui-même car c'est la division au sein de sa famille qu'il joue avec. La plus part des guides religieuses utilise le facteur divin lors des prêches pour semer la peur la division la haine le doute dans le mental des fidèles au lieu d'enseigner les vrais valeurs qui nous permettrons d'apporter un peu d'amour dans la vie de nos frères ; il faudra utiliser son intelligence , pour ne pas se laisser détruire par ces personnes car toutes chose basé sur l'amour est pure ce qui veux dire que si tu crois en la sincérité de l'amour que tu as envers elle ne fait rien qui pourra compliqué les choses laisse les faire ce qu'ils penseront juste mais sache que c'est toi qui aurait le dernier mots , n'abandonne jamais Ussa pour qui que ce soit car elle t'aime l'avenir nous montrera la suite du film qu'ils avaient débuter.» Kevin continua à fréquenter Ussa malgré les multiples interdictions que le père soumettait à sa fille. Les choses se compliquaient de jours en jours mais le père restait toujours sur sa décision dans leurs confrérie il y'avait un régime de classe repartie en fonction des moyens. Le père de Ussa se débrouillait pour s'occuper de sa petite famille, ils étaient de classe inferieur. Pour qu'il puisse marier sa fille il devrait chercher une personne de même classe que lui ou d'attendre qu'une personne de classe supérieur tombe amoureux de sa fille ce qui compliquait les choses car il n'y avait pas de prétendant de classe inferieur qui voulait se prononcer à cause des dépenses. Quelque semaines plus tard Ussa revient à Ceran afin d'être plus en contact avec Kevin malgré les interdictions de son père.

Dans leurs établissements d'enseignement religieux tout le monde s'organisait pour le concours de sélections des meilleurs élèves qui seront envoyé dans les pays arabes pour la continuation de leurs études. Le concoure se basait sur la lecture et la maitrise des versets coraniques, Akim le petit fils de Samad l'ami du père de Ussa était l'un des meilleurs élève de l'établissement depuis ses début il ne faisait que battre les record en plus il était classé deuxième dans toutes la localité, avec sa voix sublime il était capable de transformé les phrases en mélodies avec une simplicité extraordinaire ce qui faisait qu'il était jalousé par certains responsables de l'établissement qui avaient un parent ou un enfant parmi les conquérants, Akim allait crée beaucoup de problèmes à leurs enfants disait l'intendant au directeur de l'établissement. En réalité cette rivalité n'avait pas débuté maintenant quelques mois plus tôt, après l'établissement de la communauté dans leurs localités les dirigeants se faisaient la guerre pour le titre de leader à tel point qu'ils ont utilisés des versets pour se jeter des sors jusque mort s'en suit. Il a eu plus de quatre personnes qui ont perdu la vie dans cette situation malheureux tout ça à cause des rémunérations que le leader allait recevoir chaque moi et certaines autres privilège ce qui faisait que ce poste était convoiter par tous. Les dents dehors faisant semblant de sourire, chacun savais ce qu'il gardait au fond de lui. Le lundi quinze mai était la date du concours, comme dans le passé Akim venait avec son grand père pour assister mais cette fois-ci c'est lui que les gens venaient assister. Comme d'habitude près de son grand père tel que la majeure partie des conquérants qui étaient accompagné soit par leur parent, tuteur ou connaissance. Arrivé dans l'établissement une immense foule attendait le début des épreuves, les voitures de luxe venaient déposer les candidats appartenant aux familles riches d'autre sur des bicyclettes. Akim s'arrêta un instant se focalisant sur l'objectif qu'il s'était fixé, son but ultime était de gagner ce concours pour continuer ses études à l'étranger afin d'acquérir plus de connaissance non seulement sur la religion mais aussi sur la vie ce qui lui permettra d'aider ses pères, frères amis et autres. Quelque minute plus tard le délégué charger à l'organisation s'approche avec une liste dans laquelle il sépare les filles aux garçons, chaque groupe était composer de vingt candidats et candidates reparties en fonctions des moyennes trimestriels seules les meilleurs étaient sélectionner ; ensuite il les regroupes en quatre sous-groupes de cinq candidats seul les premiers de chaque sous-groupes sortiront du lot pour la manche suivante qui consistera à mémoriser en moins de cinq minute un verset que choisira les membre du jury Les notes étaient attribuées en fonction de la qualité de la voix, du nombre de faute et de la maîtrise des versets. Dans les éditions précédentes la répartition était faite uniquement en deux grands groupes celle des filles et celui des garçons celui ou celle qui devient le ou la première de son groupe était directement envoyer quelque jours plus tard dans la capitale là ou devrait se rencontrer tous les candidats des différentes régions du pays pour les préparatifs du voyage, mais cette fois ci les répartitions avaient changé pour permettre aux candidats d'avoir plus de chance. Il était huit heures tous les candidats étaient présents le délégué tenant en mais sa liste appelle le premier groupe chacun passaient tour à tours pour séduire les membres du jury arrêter dans le troisième groupe Akim regardaient les candidats passer il les applaudissaient et les encourageaient également son grand père regardait son petit-fils les larmes aux yeux car il voyait en lui son fils qui lui avait quitter lors d'un accident de circulation ou ils ont perdus la vie lui et sa femme qui portait Akim au dos mai rien n'était arrivé au petit Akim. A son tour Akim fait sa présentation et s'assoit les murmures sortaient de partout plusieurs personnes étaient surpris de le voir conquérir car de la manière qu'il encourageait les autres c'était surprenant de voir un conquérant d'un même titre soutenir ses adversaires. Le silence brandit de partout un instant il ferma ses yeux en inspirant et expirant lentement, quand la concentration a atteint son maximum il commence avec une voix subliminal sa lecture qui emporta les spectateurs et les membres du jurés dans une dimension les plongeant dans la réalité décrite par les différents versets qui se succédaient. Il commença à verser les larmes lorsqu'il débuta la parties des souffrances tragiques ce qui montrait qu'il ne récitait pas pour réciter mais il comprenait ce qu'il récitait. Quand il finit sa partie la foule à commencer à applaudir quelque minute les âmes sensibles était toujours en larme le père de Ussa présent vient féliciter son ami Samad pour l'exploit que son petit-fils venait de faire. Tout le monde était émerveiller du talent du jeune Akim, il fut le premier de son groupe après la délibération et l'autre épreuve qui consistait à mémoriser en cinq minutes un verset choisit par les membres du jury a été comme un jeu pour le petit Akim qui remporta avec succès tous les épreuves chez les garçons. Akim et Nafi furent les vainqueurs de la compétition, il salut les membres du jury qui lui remettent un trophée symbolisant sa victoire il salut ensuite la foule qui était présente et rejoint son grand père qui lui félicita et reprennent la route du retour. Arrivé à la maison Samad égorgea un coq qu'il donna à préparer car c'était un jour de fête son petit-fils allait avoir la chance d'aller étudier dans un pays arabe. Une semaine plus tard Akim fut convoqué par la direction de son établissement pour des examens sanitaire, arrivé il fut surpris d'être le seul candidat qui devrait faire l'examen croyant qu'il était en retard il demanda au vigile si Nafi était déjà passé faire son examens de santé, celui-ci lui répondit qu'il était le premier venu donc il jugea alors qu'il était à l'heure. Il toqua la porte du dispensaire personne ne répondait la sale était fermer il resta des heures et des heures à attendre l'infirmier de l'établissement mais personne ne venait il se leva aux environs de midi pour rentrer chez lui, arrivé il raconta à son grand père qui lui dit de repartir dans la soirée ce qu'il fit mais toujours rien il se demanda ensuite s'il ne s'était pas tromper de jour mais non il décida donc d'attendre. Quelque jours plus tard une note est parvenu à Samad lui informa que son petit-fils avait été recalé pour refus de faire la visite médicale quand l'information lui est parvenu la colère s'empare du vieux Samade qui appela tout de suite Akim lui demanda si il avait refusé de faire la visite ou si il était partit trouver qu'il n'avait personne ? Akim lui informe qu'il était parti trouver que seul le vigil était présent qu'ils peuvent lui avoir comme témoins de sa présence dans les lieux. Le grand père accompagné de son petit-fils prennent la route de l'établissement arrivé le grand père demandant au vigile s'il était présent le jour où Akim était venu pour l'examen ? Il regard le petit Akim et dit qu'il n'était pas en service ce jours. Les larmes commençaient à frayer chemin sur la figure du petit Akim, son grand père comprendra tout de suite que c'était un complot pour éliminer son petit-fils au détriment d'un autre dont les parents avaient plus de moyens pour les corrompre. Il entra brusquement au sein de l'établissement et se dirige dans la direction comme une lionne ayant perdu ses lionceaux il ouvre la porte de la direction et trouva la secrétaire sur les cuisses du directeur qui lui palpait les seins, voici la seul goutte qui venait de déborder le vase énervé il s'adressa au directeur « c'est votre travail comme ça ? Vous n'avez pas honte des hauts responsable de la communauté religieuse qui s'admettent à ces genres de pratiques vous qui devez montrer le bon exemple c'est cela votre travail et quand vous sortez vous réprimander les enfants pour certains actes enfantin alors que vous êtes responsable de certains pratique ignoble au sein de l'établissement. Vous madame si votre mari apprenait cela comment réagira-t-il pensant que vous êtes allé travailler vous trahissez non seulement sa confiance mais aussi celle des personnes qui se sont prononcer à être vos témoins de mariage c'est dégoutant de voir un père de famille faire ces genre de choses, de toute façon chacun sera juger pour les actes qu'il aura commis, ceux-ci n'est pas mon problème je suis venu vous demander les explications du recalage de mon petit-fils pour des raisons du refus de faire la visite médical ? Pensez-vous que je ne suis pas au courant des manigances de la corruption et des affaires louches que vous que vous fassiez ici ? Si ils veulent que leurs enfants puissent aller étudier à l'extérieur du pays qu'il le mérite d'abord vous n'avez pas honte, Je vous donne un ultimatum de vingt-quatre heure à revoir votre décision si non vous serez a la une des informations du pays ». Il ressort sans rien ajouter, arriver au portail il retrouve Akim assis les yeux en larmes il l'appel et ensemble ils reprennent la route du retour. Arrivé à la maison Akim part s'asseoir près du manguier les yeux fixant le sol les gouttelettes de larmes qui ne cessait d'inonder le sol, décourager ses rêves volait en vrilles, Samad ne pouvait pas le laisser dans cette état il s'approcha de lui et essaya de l'encourager il lui fait savoir de ne pas s'inquiéter car seul Dieu avait le dernier mot. Plus tard il partit informé le père de Ussa qui se sentait pas très bien à cause d'une insuffisance rénal qui avait été détecté tardivement il lui conseilla que c'était une volonté divine qu'il devrait laisser passer les choses telle qu'elles sont pour ne pas se crée d'autres ennuis, après une longue discussion il demanda à rentrer chez lui pour être près de son petit-fils qu'il trouva coucher sous le manguier ne voulant pas le déranger il entra dans la chambre et avec une pioche en main il commence à creuser le côté droit du canapé sur lequel il se couchait et enlève un sac contenant des pièces d'argent c'était ces économies qu'il avait fait depuis des année il voulait léguer en héritage à son fils qui n'était plus de ce monde ; il appela Akim ensuite pour lui montrer le fruit de ses sacrifices quand Akim a vue tous cet argent il n'a pas pu retenir ses larmes il lui fit savoir que tous cet argent lui appartenait désormais que d'aller réfléchir sur son avenir de continuer ses études ou d'entreprendre, le petit Akim ne savait pas quoi dire il ressortis de la chambre avec des pensées qui affluaient son mental et repart se recoucher sur la natte déposer près du manguier. Quelque jours plus tard la santé du père de Ussa se complique ses reins n'arrivaient plus à assurer leurs rôles, Ussa informe sa sœur Tifa à Rican qui se prépare avec Adou pour venir A Ceran, il fallait se lever très tôt pour quitter Rican et rentrer à Ceran à cause de la distance. Coucher sur le canapé les pieds s'enflait de plus en plus et remontait dans presque toutes les parties du corps. Aux environs de dix-huit heure du soir Tifa et Adou arrivaient en famille et constata l'ampleur de la situation, Avec sa Citroën DS il conduit le malade dans le centre de santé ROSOU ou il sera hospitalisé. Là-bas Adou appel Abdi pour l'informé de la gravité de la situation celui-ci le met en contact avec un promotionnaire qui travaille dans le même centre de santé pour qu'il puisse prendre soin du malade. Adou repart au secrétariat pour demander les informations du médecin Passi en question la secrétaire l'informa qui était de garde dans la soirée mais quelque heure plus tard Passi arrive et remonte au deuxième étage pour aller consulter le patient de la chambre treize(le père de Tifa et Ussa), arrivé il demande à tous les membres de sa famille de rester dehors et avec une infirmière il commence à l'examiner. Le silence partout la peur dans les cœurs Ussa la plus sensibles avait les yeux étincelant de larmes Adou faisait des allez retour Tifa de son tenait sa tête la patience était long lorsque tout à coup le médecin Passi sortit avec une ordonnance qu'il remet à Adou de chercher les produit à la pharmacie et lui informe que le patient devrait subir une dialyse le plus tôt possible. Sorti pour aller à la pharmacie il rencontre Samad qui était venus pour son rendez-vous médical et lui informe de l'état de santé de son ami, lui aussi l'accompagne à la pharmacie et reviennent ensemble afin qu'il puisse connaitre sa chambre d'hospitalisation et l'état de santé de son ami. Arriver avec les produits Adou et Samad entraient dans la chambre pour remettre les produits à Passi Samad n'a pas pu rester quelque secondes de plus, lui qui était toujours en plein forme, lui qui faisait des kilomètres à pieds si il devrait aller rendre visite à quelqu'un lui lui lui... c'était les paroles de Samad quand il sorti de la chambre d'hôpital de son ami, il appelle immédiatement le vice-directeur de leur communauté l'informa de l'état de santé de son ami qui était dans un état critique. Adou donna à Samad tous les détails concernant la maladie et les examens y compris la dialyse qu'il devrait faire. Les cotisations débutaient pour permettre au malade de faire le dialyse Samad voulut donner un peu d'argent mais Tifa à refuser car il devrait lui aussi payer ses ordonnances médicales Samad refuse et lui donne sa part de contribution. Quelques heures plus tard une délégation composée de trois personne envoyer par la confrérie malgré les dernières mésentente entre le père de Ussa qui à essayer de défendre la cause de son ami Samad concernant Akim, la délégation avait lancer une cotisations lors de la prière de quatre heure du matin qu'ils remettaient à Tifa l'ainé de la famille puis entre voir le malade et lui fait part de leurs soutiens et ils rentrent. Les jours passaient les premiers traitements se fit avec succès Abdi a pu avoir une autorisation pour venir avec Julie qui s'ennuyait à rester seul à la maison, Passi faisait de son mieux pour la famille de son ami jusqu'à leur accorder certaine faveurs sur la liste des dialysés. Quelques heures plus tard la Ford mustang de Abdi se gare sur le parking de l'hôpital Abdi et Julie sortent, arrivé au deuxième étage ils constataient que toute la famille étaient réunis ils les saluent tous et Abdi profite de s'entretenir avec Passi qui lui donna en détails tous les informations concernant sa maladie et les formulaires à remplir pour le dialyse, il l'informa ensuite que le patient devrait subir chaque moi le dialyse qui coutait énormément chère. Avec les cotisations de la famille des amis et de la communauté ils pu payer la première séance de Dialyse qui a été effectuer avec succès mais son état n'était pas stable pour lui permettre de rentré chez lui. Les semaines se succédaient Kevin et son Ami Zanga ont fait le déplacement pour apporter leurs soutiens à la famille Samad faisait à chaque fois des allées-retours de l'hôpital pour être près de son ami malgré son état de santé il refusait tous ce que Tifa lui disait concernant son repos quelque semaine plus tard ne pouvant plus rester longtemps près du malade à cause du travaille Abdi et Adou retournaient a Rican laissant les femmes s'occupait du malade, Tifa, Ussa et Julie faisait des rotations pour rester a coter du père malade celles qui étaient à la maison profitaient de faire la cuisine Zanga Kevin et Samad venaient chaque jours prendre les nouvelles sur l'évolution de sa santé. Les difficultés commençaient à s'abattre sur la famille pendant le cinquième moi le cout de la dialyse était très élevé malgré les soutiens reçus ils n'arrivaient pas à gérer cette situation, presque tous les économies de la famille avaient été utiliser dans le soins de ce dernier le malade aussi n'était pas complètement rétablit c'était donc risqué de le ramener à la maison, il fut délaisser aussi depuis la deuxième séance de dialyse par sa communauté parce qu'il avait défendu la cause du petit fils de son ami, une semaine plus tard c'était un vendredi soir il dit à Ussa d'aller régler l'ordonnance que Passi avait donner dernièrement à la pharmacie avant son arrivé, elle se leva et prend la direction de la pharmacie. Seul dans sa chambre de dialyse le père de Ussa débranche le tuyau de sang branché au dialyseur entrainant sa mort quelque minute plus tard par hémorragie. Ussa qui était allé chercher des produits à la pharmacie est venu trouver la sale de son père bondé par les personnels de santé, elle s'arrêta immobile les larmes commençaient à frayer chemin sur sa figure les produit pharmaceutiques à main elle ne savait pas ce qui c'était passer mais avait peur de s'approcher pour demander. Qu'est-il arrivé a papa c'était la seul phrase qui défilait dans sa pensée, lorsqu'une infirmière la tapota l'épaule en la demandant si elle était parenté au malade elle resta toujours incapable de dire quoi que ce soit. Pendant ce temps Julie et Tifa venaient de garer la voiture au parking de l'hôpital Julie qui conduisait ouvre sa portière et sort pendant que Tifa avait des difficultés à ouvrir sa portière elle essaya encore et encore mais celle-ci était fermer elle pensait qu'elle avait verrouillé mais non Julie retourne pour essayer d'ouvrir à l'arrière toujours le même problème, Julie affirma que ce n'était pas normal elle dit à Tifa de glisser dans son coté pour sortir ce qu'elle fit. Par peur Julie ne ferma pas la portière elle ouvrit le coffre de la voiture pour enlever la glacière qui contenait la nourriture et laissant la portière ouverte, ensemble elle rentre dans l'hôpital après avoir quitté la réception elles remarquent un fait inhabituel il y'avait des filles de salles qui faisaient des allers-retours du deuxième étage en surnombre. Julie dit que peut être qu'un patient avait fait une hémorragie ce qui expliquerai leur mobilisation car elle assure la propriété de l'enceinte pour éviter une contamination en cas de maladie infectieuse. Quand Julie et Tifa franchie le côté Nord du deuxième étage elle aperçoivent Ussa arrêter les yeux remplies de larmes et une foule de personnelles de santé arrêter à la porte ou était son père , Tifa compris immédiatement que le pire était arrivé elle accourut immédiatement laissant tomber la glacière pour rejoindre sa sœur afin de savoir ce qui c'était passer celle-ci resta toujours muette, tifa la serre très fort dans ses bras les larmes aux yeux Julie s'approcha d'un personnel de santé pour lui demander le problème qu'avait eu le patient celui-ci l'informa que le patient en question c'était donner la mort en débranchant le tuyau de sans qui lui reliait au dialyseur ce qui a entrainer une hémorragie. Ne pouvant rien faire elle appela le médecin Passi qui se reposait pour l'informé de la situation ensuite sa fiancé Abdi et Adou qui programment un voyage a Ceran le même jour. Julie s'approcha de Tifa et de Ussa les souhaitant ses condoléances et demandant à Tifa de ramener Ussa a la réception vu son état émotionnel et d'appeler Kevin pour lui informer de la situation, elle de son côté elle remplira les formalités en attendant qu'elles puissent digérer le choc. Peu de temps après Kevin et son ami Zanga arrivaient à l'hôpital après avoir été informé par Tifa petit à petit tous les membres de la petite famille furent informés Samad décourager de cette vie à cause de la mauvaise nouvelle prend la route de l'hôpital parlant seul en disant : « m'a tu laisser seul mon ami mais sache que un jour je te rejoindrai également ». Il appela le vis-directeur de leur communauté l'informa de la mauvaise nouvelle. Le corps fut déposer à la morgue Julie remplie tous les formalités accompagné du médecin Passi qui finalisa tous en attendant l'arrivée de son ami. Quelques heures plus tard la voiture de Abdi se gare dans le parking et lui et Adou sortaient pour se rendre dans l'hôpital, arrivé à la réception ils trouvaient toute la petite famille assissent. Abdi salut tout le monde et se dirige près de Passi pour lui demander plus d'information Adou de son côté demanda à Kevin de ramener les femmes à la maison qu'ils les rejoindraient plus tard à la sortis Tifa trouva que toutes les portières de la voiture dans laquelle elles étaient venus étaient ouverte alors que la portière de son côté avait eu des problèmes quand elle voulut l'ouvrir pour sortir elle montra à Julie qui dis de faire comme si rien ne c'était passer , elle dis au fond d'elle que peut-être son père ne voulaient pas qu'elle le voit dans la situations dans laquelle il était . A vingt-deux heures du soir tout le monde était rentré. Samad appela Akim lui demander s'il avait fait son choix entre continuer ses études ou mener une activité celui-ci répondit qu'il allait se lancer dans le commerce mais avant il va aller aider une connaissance à faire le commerce avant d'investir l'argent qu'il lui avait donné ce qui réjouit un peu le grand père. N'ayant plus leur mère elles venaient de perdre leur père, Adou qui était le mari de l'ainé organisa les funérailles avec la collaboration des membres de la communauté. Les aides venaient de partout dans la communauté à tel point que les funérailles avaient été médiatisé, les gourous de la communauté venaient avec des voitures de dernière génération remplis de denrée alimentaire et une cotisation s'élevant à des millions pourtant quelque milliers pouvais l'aider à faire les dialyses des deux mois à venir. En effet le défunt avait entendu une conversation de ses filles parlant de la vente de la cours familiale pour régler les deux derniers facture des dialyses que le père avait fait en attendant la suite car elles avaient utilisé presque leurs économie à tel point qu'elles s'étaient endetter ce qui a fait qu'il c'est donner la mort pour laisser la cour comme seul héritage a ses enfants. Délaisser par cette communauté après avoir défendu le petit Akim les voilà dépenser des millions pour organiser les funérailles tous ceux-ci pour la propagande. Ecœuré Adou n'avait pu rien dire quand il fut interviewer par les journalistes venues a l'occasion, les funérailles dureront sept jours et chaque jours que Dieu faisait ce sont les dizaines de personnes appartenant a leurs confrérie religieuse qui venaient. Les emblèmes de la confrérie étaient affichés dans les quatre côtés de la cours et plus loin dans le quartier où il habitait ; plus de publicité que de vérité disait Adou qui était meurtrie au fond de lui. A l'arrivé de Kevin et de Zanga dans les lieux Ussa était toujours coucher près de Adou le décès de son père lui avait complètement choqué à tel point qu'elle restait muette à longueur de journée Sa grande sœur Tifa était à côté des femmes venues à cette occasion pour les aider dans les différents travaux, d'un côté était assis les parents venues du village et de l'autre la communauté qui fixaient Kevin d'un regard destructeur, Zanga faisant tous ces remarques ne disait rien les deux jeunes continuaient à avancer jusqu'à s'asseoir près de Adou. Ussa se leva pour les saluer en s'asseyant près de Kevin qui essaya de la réconforter dans ces moments les plus difficiles de sa vie. Pendant ce temps Julie et Abdi venaient tout juste de dépasser le dernier virage en direction d la cours familiale de Tifa, les emblèmes par-ci par-là, Julie dit à Abdi que : « au lieu de se contenter de poster leurs emblèmes sur les murs de la cours ils ont été capable de venir les poster a plus de cent mètre de la maison » Abdi la demanda de laisser passer de ne pas se focaliser sur ces genre de chose car le plus important est que l'âme du défunt puisse reposer en paix, car en la connaissant elle était capable de crée une polémique . Elle se tait quand il gare la voiture elle ouvrit rapidement la portière et antre dans la cour sans saluer quelqu'un Abdi s'arrêta en la regardant il savait qu'elle n'avait pas digérer ce qu'elle avait vu malgré la demande qu'il la fait il savait également que Julie allait dire ce qu'elle pensait. Julie se dirigeait vers Tifa pour le dire ce qu'elle venait de voir sur la route : « Ma sœur excuse-moi pour ce que je vais te dire en ce moment les plus difficile de ta vie c'est parce que je ne peux pas laisser certaines choses passer la plus part des membres de la communauté religieuse de ton père sont des hypocrites des profiteurs sans morales ni âme, où étaient-il quand il avait besoin de quelque centimes pour se compléter payer les frais de dialyse ? Ce n'est pas vous les même qui l'avait abandonné sur son lit d'hôpital parce qu'il avait défendu une cause juste ! Vous n'avez pas honte d'utiliser son décès pour faire vos propagandes religieuses ! Ça allait me faire honte de me présenter à sa famille après tous ce qu'i c'est passer.» à voix haute les gens présentent la regardaient sans pouvoir rien dire, les murmures de gauche à droites personnes ne haussait la voix. Abdi vient la rejoindre la conseilla de venir avec lui elle voulut refuser mais Abdi réussit à la faire comprendre qu'elle avait raison que ce n'était pas le bon moment pour réagir et que la famille du défunt n'avait pas pu digérer la situation il fallait qu'elle puisse se contrôler. Ils sortaient ensemble et Abdi la ramène à l'hôtel en attendant qu'elle puisse se contrôler Julie resta muette les yeux étincelant de larme jusqu'à leurs arrivé. . C'est en ce moment que Ussa a pu ouvrir sa bouche pour parler en détaille de toute la situation a Kevin et Zanga qui restaient attentifs à ses propos. Le monde à changer de couleurs depuis que les hommes sont devenus plus pire que le diable lui-même, il faudra être perspicace si on ne veut pas tomber dans cette dimension changeante a tout moment, rien n'est éternel à part l'amour ne les en-veux pas si non tu souffriras d'avantage nous n'avons pas les mêmes façons de comprendre la vie si ils pensent avoir le salut dans ces genre de pratique ils les auront si ça t'arrange pas ne les suivent pas car tu souffriras encore et encore, essais de voir la vie du bon côté nous somme les seul maitre de ce qui nous arrive donc adonne toi a tous ce qui te fera plaisir mais qui n'impactera pas négativement la vie des autres, tu ne peux changer personne a part toi-même. Là ou ton père se trouve actuellement est plus pur que ce monde mensongères nos prières et bonnes intentions prisent en son égare furent les paroles de Zanga. Quelque mois plus tard Samad na pas pu résister face à sa maladie il rejoint son ami laissant Akim qui c'était consacré à son commerce qui fleurissait de jours en jours.

.Toujours à Ceran la situation continuait de se remettre peu à peu de ses cendre la pandémie de la grippe rouge avait fait des milliers de mort. Grace à un Tradi-praticien nommé Douga qui avait pu élaborer un remède qui renforçait la résistance en la maladie du système immunitaire afin que l'organisme puisse s'auto-défendre. Grace aux écorces, racine et feuilles de certaine plante il réussit à guérir plus d'une centaine de malade. Sa hutte qui était non loin du fleuve Kambe était affluer chaque jours par des malades en quête de guérison, avec l'aide de ses apprenant et de certains volontaires il réussit chaque jour à traiter 15 à 18 cas et à apporter les premiers traitements au nouveau venus. Petit à petit Douga commençait à avoir la popularité à tel point que certains personnels de santé venaient se faire soigner en cas de contamination et souvent ils conseillaient leurs patients d'aller chez lui pour se faire soigner, ce que dénonçait la fédération mondiale de la santé (FMS). La Fédération Mondiale de la Santé rejetait tout usage dans le domaine de la santé de produit non validé par leur centre de recherche, les autorités de Ceran ne l'avait pas accordé une licence de traiter la maladie sur le plan national malgré les demandes faites par les infirmiers qui ont été soignés grâce à son traitement.

Tu sais Julie il y'a aussi le corps astral ou corps émotionnel contient tous nos émotions, désirs, passion, humeur, joie peine etc. sa couleur n'est pas constante et change en fonction des états émotionnels tu peux voir une personne qui dans cinq ou six minutes changer plusieurs fois la couleur de ce corps ce sont ces personnes qui déclenche leur autodestruction car ils sont la plus part du temps submergé par leur mémoire et leur imagination. Tu vois c'est avec ce corps subtils que nous faisons des voyages astraux conscient et inconscient grâce à sa capacité de déplacement. Lors des voyages astraux il est primordial d'être dans un bon états émotionnel et stable pour assurer le bon déroulement de ce voyage au risque de tomber dans des sphères du bas astral ce qui va jouer sur les énergies. Oui il y'a le haut astral comme le bas astral qui diffèrent par la qualité énergétique ici par exemple c'est la sphère supérieur qui à son opposer ou la vie est presque nulle les esprits vivant en ces lieux font la vampirisation énergétique si une personne as une énergie basse et fait un sortie astral consciente ou inconsciente elle est attiré dans cette sphère sombre où elle sera en contact avec certains entités maléfiques qui pourront la faire du mal spirituellement ce qui a se matérialiser dans sa vie physique. Le corps astral est relié au chakra qui est le chakra du plexus solaire. Un bon état de ce chakra va accentuer. Les états émotionnels, désirs etc. dans un domaine spécifique ce qui va agir sur le corps astral qui va être très rayonnants et favoriser la connexion dans le monde spirituel. Un mauvais état de ce chakra change négativement tous ses états ; vous allez haïr, détesté sans raison valable tous ce qui se passera en ce moment et cela va jouer un rôle important dans votre évolution spirituelle. Une mauvaise posture joue aussi sur ce chakra comme tous les autres chakras du corps ; quand vous sentez que vos émotions changent de tendance c'est-à-dire que si vous devenez mécontents il faudra immédiatement changée d'état au risque de se crée des problèmes en changeant sa posture, en méditant, en changeant d'environnement ou en utilisant le pouvoir d'un élémental. Oui vous pouvez utiliser le pouvoir que possède les élémentaux qui sont dans les plantes et autre toi Même tu as faits l'expérience et même donner nom aux particules qui vivent dans ces élémentaux ! C'est de ça je parle.

Représentation du corps astral

Il y'a ensuite un corps qui est très important on l'appelle corps mentale qui est encore appeler corps de la réflexion ou corps de l'intellect, de l'intelligence, de toutes nos pensées de notre conscience primaire, chacun a son nom le concernant ce qui est important c'est son utilité. Son état dépend de la qualité de ces dernières et de notre évolution spirituelle. C'est-à-dire que si vous voulez avoir un corps mental rayonnant vous devez avoir des pensées pur et claire. Il forme votre personnalité c'est avec ce corps que vous pouvez faire de la visualisation créatrice, ce qui va vous permettre de préparer le mentale a créé et à se fusionner sur la fréquence de ce que vous voulez attirer par cette capacité énergétique que vous nommez attraction. Il est souvent représenté sur les anciennes peintures par une auréole de lumière autour de la tête on le voit presque dans tous les représentations des anciens prophètes ; on retrouve aussi dans ce corps les tubes de perceptions sensoriels qui sont situé au niveau de la tête et permettent d'expérimenter la claire-voyance, la claire-audience, la claire-olfaction etc. les personnes qui sont ont développé ces facultés ont une clarté d'esprit et une concentration très élevé. Il y'a également d'autres tubes placés sur les deux mains permettent quant à eux de ressentir les énergies et d'émettre il y'a des personnes qui font les soins énergétiques via ce conduit énergétique, quand tu seras dans ton physique tu pourras essayer de frotter les paumes des deux mains l'un sur l'autre pendant quelque seconde et essayer de les rapprocher ou de les éloigner tous doucement en étant bien concentré. Tu vas ressentir que lorsque tu les rapproches les mains ont tendance à se repousser et lorsque vous les éloigner les mains ont tendance à se rapprocher. Ce fait met en évidence le magnétisme. Le corps mental est divisé en deux parties qui sont le mental inférieur qui est le siège du raisonnement par le biais de la logique il fait appel à la personnalité à l'égo et est influencé par son savoir ses acquis et ses émotions que la plupart se focalisent le plus dans votre monde en laissant le mental supérieur qui est l'accès à son intuition aux idée innées et créatives toutes les pensées qui viennent de l'esprit et du divin. La couleur du corps mental est le plus souvent jaune et est relié au chakra du cœur. Tu vois vous êtes des Dieux mais vous ne le savez pas, cette attraction que je t'expliquais est votre quotidien il faudra la maîtrisé pour être les maîtres de votre vie je vais essayer de t'expliquer.

Représentation du corps mental

Avant tout il faut savoir que l'univers est gouverné par certains nombre de lois parmi lesquelles l'attraction qui est une importante loi elle influence notre vie physique et spirituel. Selon la pensée :<<tous ce qui se ressemblent s'assemble>> cette pensée résume un peu la loi d'attraction toutes les choses qui peuvent s'associé ont forcément un point commun tu as remarqué lors des échanges qui se passait entre toi et les particules que tu as nommé particules de vie, pour que les échanges puissent se passés il faudra permettre à ton corps d'établir la connexion avec la chose en question donc si nous voulons le bonheur nous devons attiré l'énergie du bonheur, si nous voulons la richesse nous devons attiré son énergie. Ce qui veut dire que tous ce que nous voulons nous devons attirer son énergie cela est possible du côté positif comme du côté négatif grâce aux milliers de pensé que nous émettons jours et nuits. La loi d'attraction consiste donc à attirer ce que nous voulons par le pouvoir de notre pensée. Vous pratiquez cette loi inconsciemment chaque jour ce qui fait que vous n'avez pas la maîtrise des événements qui arrivent dans votre vie, imagine un tant soit peu que tu arrives à la maîtrisé tu seras capables de faire beaucoup d'exploit concernant ta vie et celle des autres. Si par an tu arrives à faire des exploits qui nécessitent dix ans d'efforts et tu vies cent ans tu feras des exploits de mille ans et cela est possible il suffit d'être fréquemment sur la fréquence de cette réalisation. Il faut savoir en plus que tout est énergie et C'est via la maîtrise de ces énergies que le miracle se produit. En étant physique tu ne peux pas voir comment les pensées s'associent pour donner vie tout est énergie. Le cosmos est fait d'énergie chaque être vivant et inerte sont composé de toute pièce par l'association d'un ou plusieurs sortes de ces énergie qui vibrent à des fréquences différentes. Les recherches scientifiques ont montré qu'il est possible que les molécules de même nature puissent fusionné à certains niveaux de température et dans certains milieu respectant leurs nature propre, en plus dans le domaine biologique pour qu'un organe puisse vivre la température de son milieu dois être à 37° et il doit être en contact permanent avec les molécules émettant des énergies qu'il a besoin pour son évolution tous cela est le phénomène énergétique pour que ça marche il faut qu'ils soient du même énergie c'est pourquoi tu vois des greffes d'organes réussir ou échoué. Tu sais aussi que les énergies sont classés en fonction de leur fréquences vibratoire du plus faible au plus élevé, les corps qui sont fréquemment dans les énergies faibles sont lourds et celle dans les énergies élevé sont légers. Celles qui ont les même fréquences s'attirent et s'associe pour donner ou pas un nouveau type d'énergie, c'est pourquoi tu vois que les mêmes fréquentations ont souvent un point commun qui les unissent car c'est l'énergie mère qui les unissent, ainsi intervient la pensée suivante :<<rien ne se perd tous se transforme>>. En ce qui vous concerne nous allons nous focaliser sur l'Homme. Le corps humain est composé de plusieurs dizaines de source d'énergie communément appelé chakra que je te décrivais dont les principales sont au nombre de sept situé sur la ligne centrale du corps au niveau de la base de la colonne vertébrale jusqu'au sommet du crâne nous avons les chakras : Racines, sacré, solaire, cœur, gorge, frontal et coronal. Ils alimentent les cellules du corps en énergie et ce sont ces énergies qui apportent la vitalité à notre corps physique et jouent un important rôle sur votre évolution spirituelle et physique. Si vous arrivez à contrôlé ces chakras vous pouvez contrôlés vos différents états (émotions, pensée, sentiments...) car ces chakras joue sur les corps subtils Pour orienter nos vies ver l'objectif fixé il est primordial de maîtrisé ces différentes sources d'énergie ou chakra, tous ce qui existe dans notre univers sont à la base de l'énergie et ces énergies diffèrent en fonction de leur fréquence vibratoire. La pensée maîtresse des pensées est cruciale et nécessaire. << La pensée est la baguette magique de tout Homme>>. Vous créez chaque jour des situations qui influencent immédiatement ou à long terme vos vies par le biais des pensées que vous émettez jours et nuits. Le cerveau est le centre où circule les informations que vous recevez et vous émettez à l'univers grâce au chakra du coronal situé au milieu du crâne. Si tu prends une personne qui émet au minimum trois pensés par minute de six heures du matin à vingt-deux heures du soir il émettra trois mille soixante pensées dans un intervalle de dix-sept heures si ces trois mille soixante pensées sont utilisés pour attirer quelques choses dans sa vie elle se réalisera en moins de sept jours mais si ce sont des pensées qui divaguent seulement, la pensées qui sera supérieur aux autres se réalisera à condition qu'elle soit répétitives. Par exemple si en une journée j'ai lancé mille pensée dans le domaine de l'abondance financière deux mille pensée de la réussite d'un projet et je répète à un intervalle de temps donné forcément c'est la réussite de mon projet qui se réalisera au moment venu. Si ce sont des pensées négative que j'émets je vais attirer le même type de pensé émis. Si tu ne veux pas la réussite d'une personne forcément tu vas bloquer ta réussite car tu vas attirer l'énergie négatif avec une faible vibration qui va attirer l'échec dans ta vie, c'est comme ingéré du poison et vouloir que l'autre récent l'effet de ce poison c'est impossible, vous devez avoir de bonnes pensées pour attirer de bonnes choses illustrons avec l'histoire d'un aventurier qui était à la recherche du paradis, marcha des mois et des mois sans trouver un lieu décrit comme t'elle dans les livres saints épuisé et tête baissée l'aventurier décide de chercher un bon coin pour se reposer quand il redressa la tête il voit un jardin de fleur étendue sur des dizaines de kilomètres et un grand arbre se trouvait au milieu de ce jardin sous lequel de l'ombre et des oiseaux qui diffusaient une douce mélodie. Arrivée sous l'arbre l'aventurier s'assoit et commence sa sieste, à son réveil son ventre commença à Bourdonné aussitôt il pense aux délices préparer par sa femme chaque fête du nouvel an et voilà que apparaît les nourritures au pied de l'arbre comme un affamé il bondit sur les nourritures. Ventre plein il pense aux succulents vins qu'il a goûté lors de la fête du village, automatiquement les bidons de vin apparaissent, il boit et se soul. Maintenant rassasié et ivre il s'interroge maintenant sur l'origine de ce Miracle qui vient de se produire, automatiquement il se demande si ce n'était pas l'œuvre des fantômes ? Les fantômes apparaissent pris par la peur il commence à les supplier de ne pas le tué automatiquement les fantômes le tue. Juste pour dire qu'une pensée négative peut annuler tout un processus de pensée positive émis pour attirer ce que vous voulez il est donc important de mieux contrôler vos pensées. Les gens vont se demander ce que c'est que la pensée comment émettre et recevoir ? Vous le faites chaque jour sans le savoir. En lisant ou en écoutant un message vous recevez des pensées écrites ou orales et vous émettez des pensées en doutant ou en s'interrogeant sur le message ils s'agit donc des informations que vous recevez et vous émettez en mettant plus ou moins une attention particulière car elle vous fait libéré des énergies et ce sont ces énergies qui seront capté par l'univers celui-ci répondra à votre message par le procédé de canalisation que je t'ai expliquer en vous envoyant les réponses sous forme d'énergie, rien n'est un hasard vous communiquer avec les mots écrites, les gestes et la parole qui est communément utiliser elle ont une influence sur votre vie et sur cette loi d'attraction. La parole est le moyen de communication le plus utilisé par l'Homme, elle a un effet considérable sur votre vie que la plus part d'entre vous ignore, en effet les mots que vous utilisez en communiquant ont des vibrations et ces vibrations s'intensifie au fur et à mesure que le même mot ou phrase est utilisé durant un temps donné par exemple le mot;<<bonheur>> quand vous formulez ce mots plusieurs fois à un intervalle de temps régulier vous appelez les vibrations du bonheur à votre faveur. Il faut aussi connaître la façon de le formulé, dans le domaine de la parole l'univers ne connais pas la négativité ce que je t'avais expliqué les phrases négatives comme :<<je ne fais que échoué, je ne suis qu'un pauvre...>>. Quand vous formulez ces genre de phrases vous attirez les vibrations des mots échoué, pauvre et votre vie sera remplie d'échec et de pauvreté. Je prends l'exemple d'une femme qui ne voulait pas que son fils de 8 ans sort se promener avec ses amis, pour le contraindre à rester elle le disait sans avoir l'intention que quand il sortira il sera renversé par un automobiliste, et un jour l'enfant fut renversé par un automobiliste, quand elle eut l'information aussitôt elle accourut au chevet de son fils en versant des cordes de larme son fils gravement blessé qui gémissait de douleur grâce à la pureté du cœur de l'automobiliste qui transporta l'enfant à l'hôpital et aux efforts fournis par les médecins l'enfant survécu. Il faut donc prononcer des phases positive comme:<< la réussite me sourit toujours, la richesse est mon pain quotidien...>>. Si la femme bénissait son enfant en lui disant. <<fils que la lumière te fortifie et revient à la maison les mains remplis d'abondance>> il n'allait pas avoir ce problème au contraire l'enfant aura plus d'énergie positive qui le guidera vers l'abondance. Vous avez perdu certains valeur depuis que vous vous êtes éloigné de la nature les gens prennent la vie comme une course de vitesse alors que ce n'est pas le cas, le but d'une course c'est être premier à l'arrivé et l'arrivé de la vie c'est quoi ? La mort donc si vous prenez votre vie comme une course de vitesse il faut savoir que vous préparez votre mort aussi. C'était une parenthèse. Il faut donc contrôlé les phrases que vous prononcez. Tu vois rien n'est compliqué c'est l'ignorance qui amène à faire des erreurs il arrive souvent que tu imagines des choses qui arrivent dans ta vie il faut maîtriser tes imagination pour créer et non pour détruire. Tu vois le procédé de visualiser ou imagination consiste à programmer le mental pour un objectif visé, c'est à dire si tu veux de l'abondance dans ta vie avec un bon travail des voitures une belle maison et plein d'autres choses, tu crées un scénario dans laquelle tu les inserts tous comme ce que tu viens de voir ici tous cette environnement je l'ai moi-même créé. Tu vois tous les choses matériel dans votre dimension sont énergie dans cette dimension, avant d'être densifier ils étaient énergies subtil avec une vibration élevé donc si vous voulez quelque chose qui n'est pas encore physique vous devez attirer son énergie dans l'autre dimension pour quel se matérialise dans votre dimension, par exemple si tu veux Une voiture BMW tu cherche une photo de la voiture que tu vas visualiser (regarder) à tous moments pour crée son schéma dans le mental ensuite quand tu vas aller médité où aller te coucher tout en créant un scénario dans ton mental en conduisant la voiture en ville, en allant au travail avec ou chercher les enfants à l'école cette imagination va me permettre d'attirer la voiture en question. Il faut être le plus précis possible car l'univers n'aime pas le désordre comme illustration tu commences avec un BMW blanc le lendemain tu changes de couleur c'est contradictoire l'univers n'aime pas le désordre le processus doit être entretenu le temps qu'il faudra jusqu'à l'obtention de tes demande à l'univers. L'émotion que vous émettez est le catalyseur du processus ce sont vos états émotionnels qui accélèrent ou ralentissent l'attraction, beaucoup de personnes ne savent pas qu'elles sont les seules responsable de ce qui les arrives ce qui est le problème dans tout ça ils attribuent a une divinité où aux autres la responsabilité de leur problème ils n'ont pas fois en eux même pour croire en leurs idées ou autre. <<La foi peut déplacer une montagne>> cette pensée illustre très bien ce passage, avant de faire quelque chose il faut y croire pour qu'elle se réalise quand vous voulez être heureux il faut croire en votre capacité de crée l'amour autour de vous, il ne faut jamais mépriser votre potentiel créateur car vous êtes des dieux. Les religions ont enseigné la puissance de la Foi dans la vie religieuse sans elle la religion serai un néant car la puissance d'une religion réside dans la foi accordé par les fidèles. Vous créez inconsciemment chaque jour les circonstances de votre vie qu'elle soit positive ou négative, avec la fois beaucoup de maladies dites incurable ont été guéri des personnes qui avaient été détecté positive à certaine maladie incurables qui ont été guéri sans usage de produits médicale les gens ont attribué au miracle d'autre à l'action divine mais toi tu peux comprendre par ce que tu as vécu ici. C'est le même processus qui se passe quand un malade à fois en sa guérison. Enlevé la peur dans votre vie est ce que tu sais que La peur créé une panique qui peut amplifier de façon exponentielle les capacités attractive de plusieurs personnes a manifesté les symptômes d'une maladie puisque la peur est une émotion ressenti qui catalyse la réaction d'attraction ces fréquences négative. La foi a un Impact considérable si vous croyez que les feuilles d'une plante peuvent vous guérir elle vous guérira car vous allez attirer l'énergie de la guérison dans les feuilles de cette plante. Quand tu vas vouloir faire quelque chose crois en te capacité de le faire fermement et non en une divinité qui viendra le faire pour toi, ne te sous-estime pas pour permettre à la chose de se réaliser dans ta vie n'aie pas peur car la peur n'est pas un bon compagnon.

Soit amour et reconnaissant pour tous ce que l'univers te donne. Chaque matin avant de sortir remercie ses biens fait dans ta vie et aussi pour t'avoir donné la chance de te réveiller dans cette sphère splendide car il y'a des gens qui n'ont pas eu cette chance. Remercie ton corps physique de te permettre de continuer ta mission remercie tous ce qui t'entoure. Il arrive des moments où vous vous vantez d'être chanceux, d'où vient cette chance ? Vous avez été au bon endroit au bon moment qu'est-ce qui vous a donné cette opportunité ? C'est comme un élève qui fait sa louange d'avoir son examen en oubliant la contribution de l'enseignant va t'il être content ? Vous voulez de bonnes choses dans votre vie mais la plupart des Hommes ne sont pas reconnaissant pour les bienfaits reçu cultiver la gratitude autour de vous, plongeons nous dans l'univers d'une société où vivaient sept personnes, Monsieur x vivait avec sa femme ils étaient tous cultivateur ils voulaient semer à l'approche de la saison pluvieuse. c'est sur cette lancée qu' il entamant trois jours de jeûne en demandant à l'univers que la saison soit bénéfique après les semis et une bonne récolte monsieur x a eu une provision de six personnes de plus que prévu. Monsieur y avec sa femme et ses trois filles vivaient non loin de là, cultivateur eux aussi cette saison n'a pas été du même goût car leur champ se trouvait sur une pente et c'était difficile de maintenir l'eau de pluie. Monsieur y manqua de provision allant demander chez son voisin monsieur x qui refusait catégoriquement sous prétexte qu'il devait préparer la saison nouvelle. Frustré les larmes coulèrent comme une pluie de corde sur le visage du vieil homme qui fit semblant de sourire devant sa famille pour que l'amour y règne toujours, il se mit à prier avec sa petite famille pour demander la clémence de l'univers quand un matin au réveil il s'est rendue compte que quelques chose poussait dans son champ il s'est rendue immédiatement pour observer et fut surpris de voir que c'était une partie des semences passé qui poussait content en voulant raconter à sa femme il vit monsieur x qui avait la peine à éteindre le feu qui avait pris sa hutte renfermant ses provisions il prit un seau d'eau et accourut pour l'aider à éteindre le feu. L'histoire nous montre des faits qui se perpétue tout le temps c'est l'univers qui donne c'est lui aussi qui reprend remerciez lui non seulement par la gratitude mais aussi par les leçons qu'il nous enseigne. Monsieur x a eu la provision de sept personnes c'est à dire pour sa famille et celle de Monsieur y, il n'a pas remercié l'univers en venant à l'aide à monsieur y donc l'univers l'a repris et la donnée à monsieur y qui malgré l'action de x là aidé à éteindre le feu qui c'était déclencher dans sa hutte. il y'a des gens qui ont plusieurs repas par jour et ne donne même pas une part à leur voisin qui ont la peine en avoir un seul par jours la loi d'attraction ne marche pas pour les personnes qui ne savent pas remercié par les actes il faut cultiver c'est enseignement dans votre dimension physique ou l'égo a pris le dessus sur tout, c'est enseignement étaient connus depuis des siècles mais vous avez préférez les cachée pour que seulement quelques personnes puissent en bénéficier afin d'être au-dessus de tous pour dominer tous sur leurs passages en oubliant que chaque cause produits les même effets.

Parmi les corps subtils il y'a un corps appelé corps causal il est le corps de la mémoire lointaine, c'est ici que vous emmagasinez la mémoire de tous vos vies antérieures, vos expériences passées et des acquis dans cette vie actuelle ; c'est aussi dans ce corps que vous pourriez la source de votre renaissance. Tous vos traumatismes passés sont inscrits dans ce corps qui peut avoir une influence positive ou négative dans votre vie actuelle ; une personne bien évoluée dans le domaine spirituel est capable de chercher les informations sur les causes de sa réincarnation via le plan akashique. Beaucoup le font dans l'intention d'aider mais il ne faut pas le faire sans le consentement des gardiens de ce plan. Ce corps est le siège de la conscience supérieur et est relié au chakra laryngé ; la purification de cette ce corps n'est pas différent des autres on peut ajouter les soins énergétiques qui ont pour but d'équilibré les énergies du corps. La plupart d'entre vous ne connaissent pas la cause de leur réincarnation sans avoir un éveil de conscience qui les conduira à l'évolution spirituel et petit à petit a décelé les buts de votre existence. Il faut savoir premièrement que tout âmes est appeler a évolué afin d'atteindre sa finalité originelle. Il est obligé d'accepter en lui ce fait, pour permettre un développement harmonieux. Chaque âme est réincarnée pour un objectif bien précis soit une leçon qui n'a pas été retenue lors de sa vie passée ou une nouvelle leçon due aux différentes actions de sa vie passé (karma). Dans beaucoup de contré la réincarnation est tout simplement un alibi pour changer la mentalité des Hommes certains y croient par certains faits et d'autres non. Pour annuler un karma il y a plusieurs solutions mais la plus simple ici est de recenser les problèmes qui viennent dans notre vie de les accepter premièrement ensuite d'aller en contre sens de ces problèmes car l'univers est bipolaire le pôle positif et le pôle négatif. Par exemple : une personne qui veut avoir une vie de luxe mais arrive à peine à avoir à manger malgré tous les efforts fournis dans ce sens il n'arrive pas à atteindre cet objectif. Analysons ce cas : Soit la personne a été très riche et à utiliser sa richesse pour faire du mal dans son entourage soit la personne a pris des serments de rester pauvre durant tous son existence terrestre automatiquement ce serment sera enregistré et sera exécuter à la lettre, toute les vies qu'il ferra s'il ne prend pas conscience du sort qu'il s'est autoprogrammer afin de l'annuler pour renaitre de nouveau. C'est pourquoi vous voyez dans la vie une personne que vous connaissez qui avait des difficultés renaitre pour devenir une autre personne plus heureuse dans la richesse etc. Il a su lever ce blocage pour pouvoir bénéficier des avantages de la nature. Il faut souvent contrôler ce que vous faites surtout ce que vous dites car ça peut vous suivre. Toutes les astuces ou les incantations que tu ferras ne pourront pas réussir car il y a un blocage quelque part. Dans le cas des serments certains personne évolué avec l'autorisation des anges du plan akashique sont capable de faire un voyage pour connaitre le type de serment énuméré pour annuler ses effets il y a d'autres procéder également Julie.

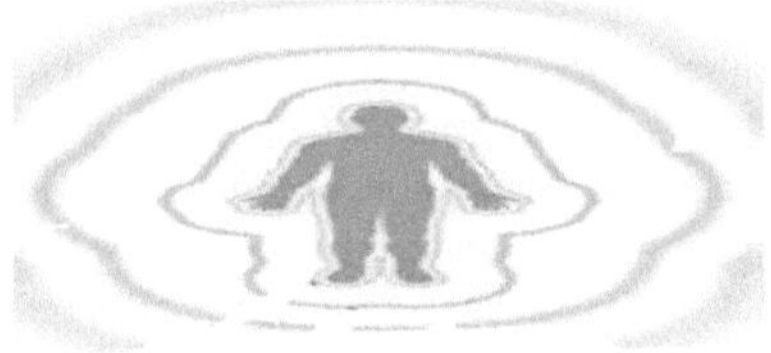

Représentation du corps causal

Quand tu vas comprendre très bien ce monde spirituel tu développeras le corps bouddhique qui est encore appelé corps de la renaissance il se forme rarement chez la majorité des personnes car seul les personnes qui spirituellement évolué développe ce corps. Il permet l'illumination spirituel, la connaissance totale de toutes choses et l'atteinte de la conscience cosmique appelé Dieu. Il est le siège de toutes les interactions des actions de vos différentes vies existantes dans le cosmos tel que vos vies spirituelles, vos anges gardiens etc. Actuellement il Ya des personnes qui commence à utiliser fréquemment ce chakra car ils ont compris le secret de la vie. Ce corps est relie au chakra frontal. Appeler corps de la conscience cosmique il est également appeler corps divin et est le siège de la conscience cosmique c'est-à-dire les multiples dimensions parallèle existant dans le cosmos. En plus les différentes formes énergétiques qui s'associent pour donner naissance à d'autres formes d'énergies dans le cosmos des milliards d'énergies et d'égrégores se forment à chaque seconde grâce aux différentes pensées que vous émettez chaque fois. A ce stade, vous avez achevé le cycle des réincarnations. Vous ne faites qu'un avec l'univers c'est-à-dire de la conscience cosmique ou Dieu. L'éveil complet de l'état de la conscience vous permettra d'avoir la connaissance sur le temps et plus. Tu sais Julie votre notion sur le temps à savoir 1h dans votre monde physique est le même partout dans l'univers beaucoup ont cette idée car vous vous êtes programmée à lutter pour survivre, il faut savoir que le temps est relatif c'est-à-dire le moment vous prenez pour manifester vos humeurs sont différents c'est aussi le même dans le cosmos, un explorateur sur la lune vieillira plus vite qu'un explorateur sur la terre dans une durée d'un an parce que la masse(gravité) des énergies qui ont formé la terre est plus élevée que celle de la lune et c'est cette gravité qui joue sur le temps. C'est grâce à ce corps que vous allez avoir accès tous ces connaissances. A ce stade, vous avez achevé le cycle des réincarnations. Peu de gens arrivent à cet état car il faudra rompre les liens à certain attachement matériel. Il est relié au chakra coronal. Julie allons-y voir tes grands parents et la société dans laquelle ils se trouvent, tu verras également certaines personnes qui vous ont quitté mais pas toutes car ils n'étaient pas dans la même congrégation spirituelle. Ta vibration n'est pas assez haute pour te permettre d'établir un contact avec eux mais je l'ajusterai afin de te permettre de mieux te rapprocher d'eux. Tu vois cette société est bien organisé chacun a une tâche à accomplir qui ne sont pas attribué au hasard m'as en fonction de la qualité énergétique. Si tu étais ici tu n'auras pas de tâche à faire car tes énergies ne te le permettent pas peut être dans d'autre dimensions. Tu vois également le libre arbitre est très respecter, les silhouettes que tu vois que remarque tu ? Effectivement il y'a une différence du côté énergétique et de la forme, les silhouettes en formes humaines viennent d'arriver de votre planète elle ont toujours la mémoire de leurs corps physique, les autres qui n'ont pas de formes humaines sont leurs parents, amis ou connaissances appartenant à la même communauté qui les ont précédés, ils sont partis les aider dans leurs processus de transition vers cette dimension, quand ils feront quelque temps ici en fonctions des missions qui les seront assigné ils changeront de forme ainsi continue leurs évolutions. La communauté d'ici est dirigée par des sages qui ont une forte émanation ils sont la plus part à la base de la création de la communauté. Si je dis ceci c'est pour te faire comprendre que les communautés d'ici ont une polarité physique les créateurs de ces communauté ont toujours leurs influences sur ces deux mondes et souvent avec celle de certains fidèles qui ont réussi à ascensionner également. C'est eux qui viennent souvent sous forme d'ange pour régler une situation lors des invocations ou lors d'une mission. Souvent les Sages des différentes communautés en ce qui concerne votre dimension physique se réunissent afin de trouver une solution à vos problèmes non seulement pour une communauté en question mais pour vôtre planète, cela se fait dans des situations extrêmes qui ne concerne pas une seule mais plusieurs ou presque toutes les communautés mais cela est rare. Il faut comprendre que tous les communautés que tu vois sur votre dimension ont tous une représentation dans ce plan mais elles diffèrent en fonction de leurs chartes et règles. Par exemple dans cette communauté il y'a certaines règles à respecter pour pouvoir y accéder, dans le monde physique si tu veux entrer dans cette communauté il faut suivre des rites de renaissance pour te purifier de tes souillures du passé ils te donneront un nouveau prénom en fonction de ton jour moi et année de naissance et tu devras respecter certaines règles jusqu'à ta mort ce qui te permettra logiquement d'avoir une vibration assez élevé pour rester dans cette dimension, par contre si tu ne respectes pas ces règles après ta mort tu n'auras pas assez d'énergie pour y rester il y'a un autre plan dans lequel tu seras mis pour les personnes qui n'ont pas respecté les règles. Et ces plan sont différencier en fonction de leurs vibration également ceux qui n'ont rien répéter du tout seront dans une dimension où tous ce qu'ils ont fait comme mal reviendront en mémoire c'est ça qui les fera souffrir mais ceux qui ont juste ratée quelque règles seront dans la dimension où vous appeler la plus part du temps purgatoire, ils feront quelques temps et passeront à la dimension supérieur lors des décisions prises en conseils des sages. Par contre ceux qui n'ont rien respecté reviendront reprendre à zéro par réincarnation c'est pourquoi avant d'adhérer à une communauté il faudra le faire par amour et non par obligation. Tu dois aussi comprendre qu'il est possible de venir dans ces genres de dimensions pour acquérir la connaissance soit dans le domaine de la santé de la vie de la spiritualité etc. Sans passer par la mort, la plus part du temps ce sont vos medium qui viennent ici pour les acquérir ils sont souvent accompagnée par leurs génies tutélaire que vous appelez ange gardien. Ils le font souvent pour aider les personnes en difficulté ou avoir certaine connaissance afin de créé ce qu'ils veulent. Vous êtes tous des créateurs mais vous n'arrivez pas à canaliser vos énergies dans le sens de la création mais ce sont vos problèmes vous multiplier des millions de fois ce qui est votre problème, un être qui a passer son temps dans la tristesse la désolation ayant l'espoir basé sur une libération extérieur échouera toujours sa mission car le but est d'avancée dans l'amour pour être accompagné et non de régresser dans la tristesse pour l'être. Vos enseignants ne vous disent pas souvent la vérité car ils veulent d'importante source énergétique pour alimenter leurs égrégores afin de permettre la connexion et son influence sur ces deux pôles. Cette ravitaillement profite le plus à certaines minorités du clan qui sont la plus part dans le luxe le bonheur pendant que les autres qui Passent la majeure partie de leurs temps à approvisionner inconsciemment l'égrégore reste dans la pauvreté et dans la tristesse. C'est ce que je te disais Julie si tu as été capable de supprimer l'enfer qui vit en toi tu pourras vivre dans le paradis physique comme spirituel. Vos prière et vos cultes ont un effet ne de nombreuses personnes prie et ont en tête que leurs prière sera reçu par Dieu qui l'exaucera, de quel Dieu vous faites allusion le monde spirituel n'est pas un lieu où le hasard est permis tous vos prière sont adresser à des égrégore ou des entités que vous ne connaissez pas l'origine ou l'intention primaire qui a été utilisé pour les créés c'est ce qui fait que la majeure partie de vos demandes dure avant de se concrétiser. C'est via ce désordre que profite les esprits errant et certains égrégore. Si une personne décide de se lié à un égrégore pour ascensionner comme utiliser le dieu qui est en lui pour le faire tout est possible mais il faut que cela vienne du cœur. Vous avez personnifié Dieu comme si il était une personne assis sur son trône la clef du paradis en main droite et un trident de châtiment en main gauche, vous juger des choses que vous connaissez pas et surtout des personnes également ce qui fait que votre capacité à connaitre ou à comprendre une chose sont limités à ce qui viennent de votre mémoire et de vos imagination. Soyez sans discrimination c'est cela qui vous ouvrira à l'univers réveillée vous car ces genres de pensées vous appauvrissent spirituellement ce qui va impacter négativement sur votre vie physique et quand cela se fait vous serez toujours victime de vampirisation. Le physique dérive du spirituel comme je te l'avais expliquer, tous vos maux et vos bonheur viennent de votre capacité à être conscient vous être énergie canaliser vos énergies sur ce que vous voulez et non ce que vous voulez pas ne laissez pas vos énergies divaguer n'importe comment, il y'a plein de choses qui se passe et qui vous impact par exemple lors des sorties astral conscient ou inconscient si tu n'es pas capable de contrôler tes énergie tu te fais vampiriser et lorsque tu vas t'incorporer le manque d'énergie te mettra dans un état de fatigue ou autre, pourtant le sommeil devrait te permettre de récupérer en énergie mais comme tu as été une source d'énergie gratuite tu as servie ceux qui en avait besoin. Il y'a d'autres qui font des rêves dans lesquels ils se voient poursuivie par des animaux des personnes étranges etc. tous cela vient du bas astral c'est ta qualité énergétique qui te conduit dans cette dimension avant de te coucher c'est pourquoi il est conseillé d'être dans un bon état émotionnel avant de se coucher. Il y'a aussi certaines personnes qui sont incapable d'avoir des informations spirituel ou de se souvenir de ces informations à travers les rêves ce sont eux les plus ignorant, il ne cherche pas à développer leurs facultés spirituel et ce qui est étonnant ils pensent connaître et si un problème arrivent ils sont surpris, la plus part de ces personnes ferment leurs portes et veulent connaître ce qui se passe à l'extérieur ce n'est pas un jeu de hasard. Avec la pensée la parole les émotions vous êtes capable de tous faire dans votre vie tout dépend d'un ajustement, lorsque vous êtes dans votre maisons et que vous avez chaud vous appuyez sur un bouton de la climatisation pour changer l'état énergétique de la maison et c'est la même chose que vous faites si vous avez froid, la spiritualité est ainsi également tout dépend de de la motivation et de l'intention de la personne. Je pouvais t'aider en t'apportant des énergies qui allaient ravitailler celui des particules de vie épuisé énergétiquement afin d'éliminer la maladie mais si je l'avais fait qu'aurait tu dis ? Un miracle de Dieu !! Et tu ne chercheras pas à connaître la cause de cette maladies ni celle de sa disparition en toi, beaucoup de personnes sont dans cette pensée irréel c'est un miracle c'est un miracle ; vous ne saurez jamais quelques choses dans ce sens, beaucoup de personnes attendent une aide extérieure ou divine pour résoudre leur problème sachez que l'univers est régit par des lois à respecter alors que en ce qui te concerne aucune loi à part ce que tu vas t'auto-prescrire. Ta vie est à cent pourcent toi tu dois le connaitre en ce qui concerne l'univers il y'a plusieurs forces qui s'oppose donc n'essaie pas de réagir sur quelque chose ce qui ne te concerne pas. Il faut chercher à se connaitre d'abord cela t'amènera à connaitre l'autre, tout est une question de complémentarité de polarité ; cela me rappelle cette pensée qui stipule que ce qui est en haut est comme ce qui est en bas et ce qui est en bas est comme ce qui est en haut. Si vous voulez regarder au plus profond vous remarquerez réellement que vous êtes les plus gros problèmes de votre vie. Laissez les imaginations néfastes qui vous viennent là où ils sont car ils ne peuvent pas vous ajouter quelques choses qui vous feront avancer, arrêter vos multiples identifications chacun est unique en son genre et en ses potentialités, votre égo vous conduit directement dans le thanatos si vous faites de votre spirituel un paradis votre physique le serras si vous le faites un enfer il le sera également. Tu dois savoir que ta vie et celles des autres est sacrés chaque personnes est là pour une mission si vous ne pouvez pas l'aider à mener à bien sa missions ne lui rajouter pas encore plus de fardeaux. Votre société vos cultures vos politiques et vos religions généralise les choses. Si tu as ce problème tu dois faire ceux-ci ou cela pense tu que ça peut marcher de la même façon pour tout le monde ? Non c'est compliqué chacun doit se connaitre avant de savoir comment prendre les bonnes décisions qui concerne sa vie. Nous faisons tous partie d'un puzzle si tu fais du mal à quelqu'un c'est à toi-même tu fais ce mal puisque au moment de l'assemblage du puzzle si tu pars trouver que la personne à qui tu as fait ce mal es toujours absent tu seras obligé de patienter pour qu'il finisse sa mission et ce retard n'impactera pas toi uniquement mais tout le monde. Nous sommes énergétiquement les mêmes comme je t'avais expliqué le problème est que ce que vous faites avec vos énergies il y'a certaines personnes qui créent volontairement les circonstances de leurs vie d'autres crée involontairement des circonstances négatives dans leurs vie et les partagent inconsciemment à tout le monde. Quand tu salut quelqu'un ce n'est pas seulement un échange génétique qui a lieu mais aussi un échange énergétique, l'énergie que ses émotions dégagent se fusionnera avec celle dégager par tes émotions quel que soit sa nature l'échange se fera équitablement c'est-à-dire si la personne avait une pensée positive ton taux vibratoire après échange va augmenter si elle était basse et sera dirigé dans le coté positive ou il s'était focaliser. Si c'était le coté de l'amour tu penseras également à l'amour etc. après quelque minute de dialogue entre vous, un dira à l'autre sa pensée qui sera confirmer également par l'autre. Si cela dure et ne change pas de fréquence vous serez le deux connecter à la même source qui vous ravitaillera chaque jours en énergies d'amours c'est de la que prennent naissance les égrégores, si vous vous focaliser sur un but et vous donner plus d'énergie à ce but vous serez récompenser par l'atteinte de ce but. Par contre si la personne que tu as serré la main avait des émotions négative ton taux vibratoire baissera car tu cèderas une partie de tes énergies c'est pourquoi que lorsque vous êtes avec ces genres de personnes vous êtes étouffé et vous avez tendance à vous énervé. Dans le monde spirituel les esprits inconscient sont comme des zombies qui profitent généralement à certains esprits malins en approvisionnement énergétique. Julie il y'a pleins de choses dont je ne pourrai pas tout énumérés dans ce cours moment, la meilleure façon est de te laisser seul faire tes recherches afin de connaître réellement le fonctionnement de l'univers et la vraie valeur de la vie ce que je peux te procurer comme conseille est d'être plus vivante c'est ce qui te permettra d'atteindre les buts de ta vie. Regarde ton énergie commence à se dissiper cela montre que il est temps pour toi de rentré ton corps physique t'appel sachez que je vous ai aimé et cette amour continuera éternellement, ainsi fini ma mission Sur cette dimension je te ferai un dernier cadeau soit juste attentive tu le verras. Une force violente m'aspire et me voilà dans un tunnel qui me ramène dans mon physique qui avait fait douze heures dans un état endormi le désespoir se faisait sentir dans les yeux de Abdi lorsque j'ouvris les yeux il était face contre le mur de l'hôpital et tournait dans tous les sens répétait :<< qu'est ce qui n'a pas marché ne me laisse Pas Julie...>> quand j'ai épeler son prénom il se précipita aussitôt à mon chevet et me disait :<< Chérie l'opération a marché mais tout d'un coup tu es rentré dans un coma ils ont tout essayé>>. Je lui fis savoir que je n'avais pas terminé de recevoir mess enseignement c'est pourquoi je n'étais pas présent dans mon physique, il fit automatiquement surpris de ce que je venais de lui dire à tel point qu'il me demanda ce que j'avais et si c'était réellement moi. Je lui dis que c'était belle et bien moi la Julie qu'il était tombé fou amoureux depuis sa rupture avec son ex. En ce moment j'avais les facultés développées à tel point que je pouvais lire ses pensées mais je le laissais m'interroger avant de répondre. Il resta quelques minutes avant d'appeler les personnels de santé pour les informer que j'étais hors du coma, ils sont venus m'examiner et ont remarqué que les sutures avaient tous disparues comme si l'opération n'avait pas eu lieu les murmures commençaient chacun fixait son prochain sans rien dire c'était quelques chose d'inexplicable scientifiquement en moins de douze heures tous les sourires avaient disparus. Ils continuèrent de finir tous le contrôle et s'aperçoivent que mon état était normal en ce moment Tifa et Ussa étaient déjà arrivé pour relayer Abdi et elles se rendent compte que j'étais hors du coma un soulagement se lisait dans leurs pensées.

Comme un messie venu sauvé l'humanité le prénom Douga commençait à raisonner dans la bouche de plusieurs personnes que ce soit sur le plan national que international ; les murmures sur l'incapacité de la fédération mondiale de la santé à gérer la pandémie se propageaient à une vitesse incontrôlable à tel point que les marches pour la dissolution de cette fédération s'organisent dans certaines grandes villes, les protestataires affirmaient que cette fédérations était budgétivore et sous le monopole de certaines puissances ce qui fait qu'elle n'attribuait pas de moyens nécessaire aux différents chercheurs qui veulent concrétiser leurs idées. Un vendredi une délégation de la Fédération Mondiale de la Santé (FMS) atterrie à Ceran dans le but de vérifier les processus de soins que Douga attribuait aux malades de la grippe rouge , les informations de leurs présence a Ceran se propageait rapidement. Il y'a certaines personnes qui affirmaient qu'ils venaient pour une mission secrète de connaitre le processus ce Douga utilisait pour guérir les malade afin de trouver des remèdes qui seront utiliser pour soigner en grande quantités les malades, d'autre, selon eux ils sont venu pour interdire le vieux Douga de soigner les malades car ils perdront la crédibilité au profit du vieux Douga. Un matin très tôt la délégation de la (FMS) arriva dans le domicile du vieux Douga une foule immense étaient en attente de soins qu'il octroyait, ils y'avait certaines personnes assis ou coucher d'autre fatiguer de s'asseoir marchaient pour dégourdir les jambes. Chacun attendait son tours la priorité était donner aux plus souffrant, aux femmes et enfants mais les premiers soins étaient donner par les volontaires venues pour l'aider afin de limiter la propagation de la maladie, les cas les plus critiques étaient regroupés à part, les personnes manifestant les mêmes symptômes de la maladie étaient regrouper eux aussi à part car le virus avait muté plusieurs fois ce qui faisait que les symptômes que manifestaient les malades différaient. Les morts due à la maladie étaient enterrés loin de son domicile par les volontaires qui recevaient des potions faites à base de plantes également afin de purifier le corps et l'organisme ils avaient eux aussi des combinaisons grâce à la générosité de certains leader du pays qui ont été soigné par le vieux Douga. La délégation de la (FMS) vêtue de blanc masqué pour éviter les contaminations escortées par les forces de l'ordre arrivaient sur les lieux quelques heures plus tard les murmures s'amplifiaient dans la foule qui regardait avec dénigrement la délégation, la tentions montait à tel point que les forces de sécurités venaient en sensibilisateurs ce qui dégradait encore les choses. Les injures tels que : assassin, voleurs et menteur faisaient écho dans les quatre cote de la foule. Selon les rumeurs le virus était une arme biologique car il aurait été modifié dans les laboratoires dans l'objectif soit pour bloquer l'expansion économique de la république de Niche ou pour limité la population mondiale à un certain nombre car l'allure que le taux de natalité de la population mondiale prenait la gestion de cette forte population serai compliqué. Arrivé au niveau du grand baobab le lieu de rencontre une délégation avec à sa tête Mogo le premier élève de Douga qui les accueilles et les donnes place près du baobab avant que Douga finisse les traitements d'une patiente, pendant ce temps comme un esprit commun qui venait de s'emparer de la patience de quelque personnes qui étaient venues accompagnés leurs malade se sont lever pour essayer de chasser la délégation de la (FMS) qui ne sont là que pour leurs propres intérêts les injures se multipliaient à tel point que Douga sorti pour calmer les esprits. Il demanda aux révolter de se calmer car ce n'était pas dans leurs droits de juger il ajoute ensuite que chacun récoltera à la fin ce qu'il va semer que ce soit positif ou négative. Il s'assoit près de la délégation en les souhaitant la bienvenue et demandé les motifs de leurs venues. La discussion a duré des heures pendant ce temps les pirogues continuait accoster pour déposer les malades ou les personnes qui venaient accompagnées leurs malade. De l'autre côté les femmes se préparer pour faire la cuisine elles se relayaient chacune car pour pouvoir servir plus d'une centaine de personne il fallait avoir la collaboration de tous les femmes pour assurés une parfaite réalisation. Quelques heures plus tard la délégation demande la route pour rentrer il les accompagne quelque mettre et revient s'assoir en cogitant sans parler à quelqu'un, Mogo remarqua l'aptitude de Douga s'approchant de lui en le demandant les motifs de la visite de la délégation de la (FMS), Douga lui dis de ne pas s'inquiéter que le plus important était de permettre aux malades de recouvrir la santé il se leva et entra dans sa hutte pour continuer les traitements de la patiente Mogo lui aussi réparti continuer la préparation des tisanes.

Un mercredi au environ de trois heures du matin Mogo rentra trouver le corps de Douga sur la natte les yeux ouvert il tenta de le réveiller par les mille manières mais trop tard pas de signe de vie de la part du vieux Douga. Est-ce une mort naturel ou aurait-il été assassiné ? C'était ces questions qui taraudaient sa pensé, il sorti appeler tous les élèves qui étaient venue apprendre le savoir que détenait le vieux pour leurs faire part de la situation une journée qui a mal débuter que réservait la suite les élèves rentraient un à un pour regarder le corps du vieux Douga et quand ils sortèrent les plus sensibles avaient les larmes aux yeux, un élève ayant remarqué sur le bras gauche du vieux que la couleur des vaisseaux sanguins étaient déventent plus noir comme d'habitude il appela Mogo de venir voir celui-ci rentra brusquement pour analyser il trouva effectivement la remarque et affirma que c'était un acte d'empoisonnement. Le vieux Douga avait été donc empoisonné le produit utilisé était la bile d'un caïman mélangé avec quelque produit toxique, si une personne venait à ingérer le produit meurt lentement dans son sommeil. Mais qui en est l'origine la question restait sans réponse, les faits et gestes des élèves ont attiré l'attention de quelques malades et accompagnant qui se sont levé pour venir voir ce qui se passait et lorsqu'ils ont été informés que Douga avait été assassiné immédiatement le désespoir la colère la haine s'emparait d'eux et ils repartaient se rassoir comme ils étaient venus. Petit-à-petit les informations furent passé de bouche à oreille les dormeurs se réveillaient pour écouter plus tard aux environ de cinq heure du matin tout le monde était au courant de la situation les vacarmes par-ci par la chacun indexait la délégation de la FMS étant responsable de l'assassinat du vieux Douga, mais la questions qui dérangeait était de savoir comment et qui avait donner dernièrement le diner de Douga, les gens commençaient a regarder les femmes qui étaient en charge de la cuisine une femme nommer Rokia affirma qu'elle avait enlevé le diner mais elle ne savait pas qui est venu prendre pour servir les gens, ils se sont suivit entré dans la cuisine trouver que le repas qui était destiné à Douga était toujours déposer et intacte, la confusion était de partout il fallait chercher ce que le vieux Douga avait consommer en dernier minute. Mogo et certains élèves entrent dans la hutte du vieux après avoir fini d'envelopper le corps dans un drap ils cherchaient un éventuel trace de nourriture qu'il aurai due consommer lorsqu'il découvrit des morceaux de viande de lapin griller et emballer dans un papier quand il l'ouvrit il constata qu'il était récent il sortit avec et appela leur chien Dick en lui lança un morceau celui-ci prend rapidement avec sa Guelle et part s'assoir près du grenier, il fit suivie par Mogo lui-même qui remarqua peu de temps après qu'il commençait à faire des grimaces et des cris bizarre il accourut très vite chercher une potion qu'il introduit dans sa gueule. Dick resta quelque heures puis se releva, tout le monde conclue donc que c'était la viande de lapin qui était empoisonné il restait de chercher le coupable qui avait commis cet acte parmi tout le monde présent en ces lieux ce qui compliquait la tâche. Une délégation se mobilise alors pour préparer le corps du vieux Douga afin de procéder à l'inhumation les malades qui étaient présente étaient complètement désespérée ; les bonnes sauces ne durent jamais fut les propos d'une vielle dame venus accompagner son fils malade. Quelques heures plus tard après avoir lavé le corps de Douga et le mettre dans un linceul la séance de prière et de sacrifice débuta pendant ce temps certaine jeunes creusait sa tombe près du fleuve, après la séance de prière, Mogo l'ainée des élèves affirma publiquement que le vieux Douga l'avait révéler certaines choses concernant le motif réel de la venue de la délégation du FMS, il affirma après avoir mis le corps sous terre que cette délégation avait pour motif de convaincre le vieux Douga à arrêter de procurer les soins aux malades sous prétexte que son procéder n'était pas légale et était interdite par la juridiction de la FMS. Ayant refusé le vieux Douga c'est vue proposer certaines choses tel que de l'argent une maison des voitures et plus par cette délégation. Rester sur sa position la délégation avant de repartir l'informa que s'il n'acceptait pas ces offres quelqu'un d'autre le fera à sa place et ils sont repartis. Le vieux Douga est resté à méditer sur ce qu'ils l'ont dit quelque temps avant de rentré continuer ses soins voilà ce qui c'était passer le jour de la venue de la délégation du FMS. Cela nous montre exactement la mauvaise foi de ces genres d'institution dans lequel nos états se sont intégré, qu'a-t-il fait de mauvais pour mériter la mort nous devons comprendre également que l'assassin est une personne qui est parmi nous arrêter et faisant semblant de compatir à notre douleur nous allons tout faire pour le retrouver et il payera de sa vie, notre père, ami, frère, grand père qui nous a été enlever par les forces obscurantistes a été humble, juste et droit dans tout ce qu'il faisait il a donné sa vie pour sauver des vie afin d'apporter le bonheur et l'amour dans la vie de ces frères et sœurs, nous devons tous suivre ses enseignements car il n'a pas seulement été un bon guérisseur mais un sage qui savait que tout ce que nous possédons comme matériels peuvent nous aider à résoudre certaine de nos problème mais peuvent pas nous amener à être riche, sa richesse venait de son cœur et sa disponibilité à apporter la lumière dans la vie de non seulement ses élèves mais tous les personnes qui venait lui demander ses services merci PAPA Douga que ton âme puisse être auprès de tes frères et sœurs qui ton toujours soutenus dans la lumière. Les larmes aux yeux Mogo fait pleurer la majeur partie des personnes présentes dans l'inhumation la colère la rancune la haine la tristesse tous ces maux étaient partager par l'immense foule présentes à l'inhumation, il n'y avait pas de mot pour exprimer les ressentis en ce lieu peu de temps après on assistait à une scène effroyable un malade se leva et se dirige vers le fleuve à l'insu de son accompagnant et il se jette dans le fleuve en voulant se donner la mort ce sont ces cries qui ont alerter les volontaires qui vont accourue pour le sauver mais c'était trop tard ils ont réussi à repêcher le corps, compte tenu de la situation Mogo appel tous les élèves et demandes leurs avis concernant la continuation des soins ou l'arrêt, chacun se fixait tout le monde avait peur d'être la prochaine victime et ce qui était le problème l'assassins rodait toujours dans le parage, sans réponse Mogo les demanda de réfléchir et de lui faire part de la décision final mais que ça soit individuel, les concertations se fit de partout mis chacun savait ce qu'il allait dire. La foule en attente dehors sans de nouvelle sur le prochain successeur de Douga mais chacun voyait Mogo qui lui a été fidèle et honnête jus qu'a son dernier demeure. Pendant ce temps des pirogues continuaient à accoster les malades de la grippe rouge continuait à venir par dizaine, quelque heures plus tard les élèves se succédaient chacun venait donner sa décision final sur un totale de vingt et un élèves seuls dix-huit étaient pour la continuation des soins, Mogo rappel tous les fidèles et leurs donne le verdict ensuite il ajouta qu'il donnerait plus tard son point de vue et demande la continuation du travail pour le moment puis il rentre dans sa case. Il resta dans cette situation confuse une journée entière sans pouvoir rien faire ; lorsqu'il sortit de la case les malades à même le sol agonisaient petit à petit malgré les soins attribuer, celles ou ceux qui avaient rendu l'âme étaient enterrer par les autres. Un matin e jeudi Mogo sortit de sa case et informa la foule présente que le vieux Douga n'était pas mort, en effet il avait subi un empoisonnement qui a échouer ce qui a fait qu'il as user de sa sagesse pour se retirer un peu afin de pouvoir démasquer les traitres envoyer par la FMS, il sortira le samedi pour les montrés et ça sera la foule qui décidera des sanctions qui les seront attribué, il ajouta ensuite que le corps qui avait été inhumer avait subi un déguisement spirituel pour voiler l'identité de la personne et faire croire à tous l :e monde sauf les aguerris que c'était le corps du vieux Douga, il s'agissait du corps d'un décéder de la maladie que sa famille à accepter de leurs remettre et il termina en remerciant la famille en questions sans les montrés. Une joie immense se fait ressentir dans la foule, les interrogations qui persistaient étaient de savoir comment le vieux s'en était sortis de l'empoisonnement et qui était à l'origine les murmures de part et d'autre, Mogo se dirige vers le baobab pour s'assoir toujours en mode pensif car ce qu'il venait de dire avait pour avait pour intention de voir la réaction des personnes qui se sentiront menacer si réellement le vieux Douga était en vie. Pourra-t-il trouvée le coupable ?

Coucher dans un réveil énergétique Julie se lève et sort de sa chambre d'hôpital pendant que Abdi était toujours couché, la nuit avait été longue, ses imaginations sur le changement du comportement de Julie l'avait trop marqué à tel point qu'il n'arrivait pas à croire en cette réalité ; ces multiples pensés lui faisait voyager entre la mémoire et l'imagination, la veille il n'avait pas pu se reposer convenablement ce qui à affecter son cycle de sommeil. Julie passa près de son fiancé et se dirigea dans une chambre ou un patient très souffrant voulait volontairement quitter cette dimension afin de se libérer de sa souffrance, il voulait à tout prix passer dans l'autre monde et les médecins qui se trouvaient à son chevet qui depuis des mois n'avait pas pu trouver une solution à sa maladie il avait été déclaré qu'il ne fera pas plus de trois mois de plus à cause de la rareté de sa maladie. Son médecin allait procéder à son euthanasie quand tout à coup Julie rentra dans la chambre sans frapper à la porte et se dirigeait vers le malade en plaçant sa main droite au-dessus de sa poitrine et faisait une rotation de gauche à droite dans le sens contraire de l'aiguille d'une montre, cinq minute plus tard les appareilles commençaient à sonner montrant que le patient avait rendis l'âme tout le monde la regardait et étaient stupéfait de ce qu'elle faisait, elle s'arrêta un moment et un infirmier voulait débrancher les appareils elle lui dit de ne pas le faire car l'heure du patient n'était pas arrivé et ajouta qu'il devrait ravitailler son corps en énergie afin de guérir de la maladie, comme un film de science fixions avec des théorie d'une autre planète les personnels de santés l'assistait sans rien comprendre de ce qui se passait. Elle recommença le processus de rotations quelque minutes et les appareils recommencèrent à sonner puis à donner une fréquence normal montrant que le patient était en vie, tous les personnels de santé la regardait et commençait à l'applaudir quand le patient ouvrit les yeux et affirma avoir été en contact avec Dieu, la salle était devenu en temple de spiritualité Julie l'informa que ce n'était pas Dieu mais une entité qu'il fixait son attention et ses prières la plus part du temps.

Elle ressorti pour aller dans sa chambre les personnels de santé la regardait toujours stupéfait de ce qu'elle venait de faire, quand elle arrive dans sa chambre elle trouva Abdi toujours couché elle le réveil puis s'assoit près de lui la tête sur son épaule en lui disant qu'elle avait envie de rentré, Abdi la demande de se reposer un peu qu'il partira chercher des informations concernant sa sortie elle resta quelques minute la tête sur Abdi et lui fit une bise avant d'aller se coucher tout en disant à Abdi d'informer le médecin d'entrer les cellules mortes de sa tumeur en Formulant des vœux de remerciement, car c'était des milliers de vies qui sont partis. Quand Abdi s'est rendit pour se renseigner concernant la sortie de sa fiancée, on lui informa du miracle qu'elle avait fait au patient de la salle sept il resta a écouté jusqu'à publier le motif de sa présence en ce lieu, après en repartant il s'est rappelé d'être venue pour se renseigner il fit un demi-tour et demanda à voir le chirurgien principal qui avait fait l'opération de Julie le réceptionniste l'informa qu'il était dans son bureau. Arrivé et après quelques minutes d'échange il lui demanda si sa fiancée pourra sortir aujourd'hui de l'hôpital le chirurgien lui répond affirmativement. Il ressort avec une pensée instable qui divaguait partout, il rejoint difficilement la chambre de sa fiancée, arrivé il la fixait d'un regard remplis de tristesse de désespoir et d'incompréhension car jusqu'à présent il n'avait pas pu avoir une logique qui pourrait l'aider à comprendre la situation. Assi et cogitant il entend quelqu'un toquer la porte il se retourne et c'était Adou et Tifa qui étaient venus voir l'évolution de la santé de Julie. Adou s'assoit près de son ami et commença à s'imprégner de la situation, Tifa de son côté le salut et part s'asseoir près du lit de son amie. Abdi informa son ami de tout ce qui c'était passé, avec un sourire à la lèvre Adou le fit savoir qu'il s'agissait d'une expérience de mort imminent que Julie avait subi et le patient de la chambre sept également, comme la science n'avait pas pût trouver une logique à ce phénomène c'est pourquoi c'était une chose nouvelle pour les personnes qui avaient assistée à cela. Il ajouta ensuite que ce phénomène devenait de plus en plus de l'actualité car maintenant avec la liberté d'expression les gens peuvent dire ce qu'ils pensent ou ce qu'ils vivement sans être blâmée ou rejeter par la société, et que ce phénomène arrivait le plus fréquemment aux personnes qui sont sur leurs lit de mort, des accidentés ou de personnes qui subissent une opération. Généralement c'est personnes affirment avoir été en contact des êtres de Lumière, des parents décédés qui les aides à transiter ou les transmettre des messages, ce n'est qu'un phénomène naturel qu'il ne devrait pas s'inquiéter. Abdi toujours confus dans ses pensées par tout ce qu'il venait d'entendre de quel côté il devrait s'orienter ? Accepter cette pensé illogique ou être Un élément neutre dans cette situation, il écouta longuement Adou et lui demanda s'il avait eu des informations de son frère ? Il lui répondit négativement et ajouta que d'après les dernières informations la situation s'améliorait petit-à-petit, les médias de télévision et de la communication ont commencé à émettre normalement depuis début des problèmes dans la localité et aussi le taux de la propagation de la grippe rouge avait complètement chuté, il fera si possible un déplacement à Kina pour mieux s'informer où il essayera de rentré en contact avec ses amis qui sont là-bas. Peu de temps après Julie se réveille de son sommeil Tifa qui était assise à côté d'elle commença à demander l'état de sa santé elle affirma que tout allait mieux qu'elle s'apprêtait à rentrer chez Elle et que le chirurgien titulaire avait donné son autorisation a rentré. Abdi haussa la tête et la regarda encore et encore, comment elle avait su qu'il avait donné l'autorisation de rentré ? Il se leva et commença à tourner en rond et s'assoit encore près de Adou qui le fixait sans rien dire, il savait que si ami avait des difficultés à accepter ce changement mais comment lui faire accepter ce fait pour ne pas qu'il continue de souffrir il resta quelques minutes et jugea nécessaire de lui montrer quelque témoignages de certaines personnes qui ont vécu ces genre de scène à leurs sorties de l'hôpital. Plus tard Julie et Tifa commencèrent à ranger les affaires Abdi remarque cela et demande Adou de l'accompagner réglé les factures de l'opération et du séjour de Julie ; arrivé au secrétariat la secrétaire demande l'identifiant de la patiente qu'il donna : (Julie Gomez salle 9), après vérification la secrétaire les informes que tous les factures avaient été réglé par Maréchal Gomez (père de Julie et de Soraya). Quel maréchal ? Exclama Abdi il se tue plus de cinq minutes avant de demander à la secrétaire si elle ne s'était pas tromper il lui dit de revérifié encore ce qu'elle fit mais toujours la même réponse, Adou lui demanda si elle pouvait décrire la personne en question ! Elle les fait savoir que c'était une personne dont l'âge était compris entre 70 et 80 ans avec une chevelure blanchis à cause de la vieillesse eu une moustache. Adou resta arrêter et se demande si c'était le père de Julie qui était venue faire cet acte afin de montrer sa compassion a sa fille mais tout cela restait des suppositions. Il demanda ensuite à la secrétaire si les caméras de surveillance fonctionnaient toujours elle leurs donne l'heure (15h51) la date et leurs dis de se rendre chez le chef de sécurité pour vérifier grâce au vidéos cela leurs permettra de connaître la personne. Tous les deux se dirigeaient au service de sécurité de l'hôpital afin de connaître la réalité des choses, arrivé ils trouvèrent l'agent de sécurité qui prenait un thé Adou lui expliqua la situation après l'avoir remis les documents de leurs présence dans l'hôpital, l'agent d sécurités accepta de remonter à la dates du payement des factures de Julie. Ar les quatre vidéos des quatre cameras poster aux différents angles du secrétariat il s'arrêta a l'heure exact du payement de la facture. Dans les différentes vidéos la secrétaire était seule mais elle parlait et était souriante en tendant la main à une personne invisible les caméras n'avait pas pu immortaliser la personne en question, Adou compris immédiatement ce qu'il s'agissait la supposition qui lui venait en tête avait donc été confirmé, Abdi regardait les vidéos a plusieurs reprises sans rien comprendre l'agent de sécurité faisais des zooms sur image pour voir réellement ce qui se passait mais rien. Abdi se redressa et demanda a Adou s'il avait des explications sur le phénomène qui venait de se passer dans la vidéo il lui dis qu'il n'était pas capable de décrire avec exactitude la situation qui c'était passé mais que une personne ayant des faculté médiumnique ou de voyance pouvais expliquer la situation, il avait une suppositions mais cela restait à vérifier il commença a expliqué que c'était le père de Julie qui effectivement était venue payer les factures de sa fille en lui montrant par les séances et les gestes de la secrétaire. Abdi lui demanda si les morts pouvaient revenir yen vie ? Il lui répondit que les morts n'étaient. Pas morts ils ont la capacité d'aller et de revenir sur terre mais tout en respectant certains règles, l'agent de sécurité et Abdi restaient stupéfait ensuite Adou sortis pour aller chercher Julie afin qu'elle puisse venir les éclairés. Arrivé Julie et Tifa visionnent la vidéo même pas arrivé au milieu de la séance Julie affirma : <<papa c'était donc ça ton cadeau>>. Tout le monde la regarda Adou eu la confirmation que c'était ce qu'il pensait cela c'est ajouter à sa connaissance sur la mort, Abdi de son côté ne fut plus surpris par ce qu'il voyait et entendait mais le problème résidait dans l'explication qui pourra bien l'expliquer afin qu'il puisse comprendre et accepter, resta un peu muet sans parler jusqu'à une voix intérieure lui fit savoir qu'il devrait l'accepter pour maintenir l'équilibre au sein de son couple. Plus tard ils sortirent tous de l'hôpital Abdi prend sa voiture avec Julie et Tifa, Adou de son côté prend la sienne et tous se dirigent chez Julie, el route Tifa informé Julie que sa sœur Ussa viendra la tenir compagnie elle fera quelque jours avec elle en l'aidant dans ses corvées elle l'accepta aussitôt et affirme qu'elle voyais l'esprits des homme animal et autres qui rôdaient toujours dans cette dimension ils peuvent aider ou causé des accidents ou autre elle continua a expliqué, Abdi faisait sourd oreilles pour se concentrer sur son volant. Arrivé à la maison elle descend et de met à genoux en embrassant la terre en le remerciant pour tout ce qu'elle faisait pour maintenir l'équilibre tout le monde la regardait sans dire mot quand elle finit elle entra dans la maison.

Soraya et Daki étaient toujours assises en dialoguant pendant que les préparatifs continuaient, munie de collier faites a base des feuilles de certaines plantes sacrées et aussi les tailles orné par un mélange de Feuille et fleurs les jeunes filles qui devraient être marié se dirigeaient dans la case de la mère du village qui allait avoir 85 ans en cette année. Elle chantaient et dansait en fil Indien chacune d'elle allait pour recevoir les conseils sage de la vielle dame, toutes les femme étaient pressés chacune faisait ses travaux, Soraya demanda a Daki les raisons de sa mise à l'écart des autres, Daki l'informa dans leur société chacune avait un rôle spécifique à jouer son rôle a elle était non seulement de regarder les comportements des filles mais de connaître leurs génie tutélaire afin de leurs donner soit des conseils soit des astuces à faire pour leurs permettre de bien prendre soins de leurs vie de couple et procréatrice, rien ne devrait se faire dans la précipitation ou dans le hasard dans ce processus car ça ne concernait pas uniquement une famille mais tout une communauté c'est pourquoi il y'a des règles à respecter. Tous ces processus avaient été enterrée chez vous c'est pourquoi l'amour dans le foyer diminue au fur et à mesure que le temps passe et souvent vous arrivez jusqu'à rompre, cela est formellement interdit ici malgré les situations vous devez être capable de les surmonter les femmes doivent être les stabilisatrices du foyer elles doivent être le père la mère la sœur le frère de son mari et cela reste réciproque pour stabiliser le foyer, le mari aussi a des rôle a joué pour soutenir la femme tous ceci est une leçon qui s'apprend avant le mariage et non après c'est pourquoi tu vois les filles dans leurs processus d'initiation et les garçons qui sont allés en brousse pour le leur. Ce long processus était difficile mais avec le temps et l'évolution delà connaissance dans ce milieu c'est devenu moins compliqué pour les jeunes. Tu sais avant de commencer à connaitre quelque choses de la nature on les permettaient de se connaître eux-mêmes non seulement grâce à la lignée généalogique mais avec la connaissance de leurs être intérieur c'est après cela qu'ils comprennent immédiatement le pourquoi de leurs venue et c'est sur cette base que se fera la répartition, ceux qui ont une même Mission ou similaire seront regrouper ensemble car on ne doit pas mélanger les maçons et les pêcheurs pour les enseigné un travail spécifique à un. On les enseignes ensuite la connaissance d la nature et des éléments qui gouvernent cette nature pour les permettre de savoir pourquoi ils doivent protéger et respecter la nature. Tu sais chaque personne est unique et possède une capacité unique ce qui sera développer ensuite pour apporter un plus dans le maintiens de l'équilibre de la communauté et de l'humanité. Après tous ces enseignement les garçons reviendront au village et une fête sera organisée pour leurs retours, chacun pourra se marié officiellement avec les filles que tu voies actuellement en préparation. Tous les jeunes n'ont pas eu cette occasion dans les grandes villes il y'a d'autres qui viennent s'initier et repartir mais ce n'est pas assez, on nous traite souvent de sorcellerie la vie de ces jeunes la plupart sont des ignorant de vos religions et c'est eux qui conduisent souvent ces jeunes dans un monde plein de rêve et d'illusions. Tu vois comment nous sommes bien organisés ici et comment nous respectons l'ordre naturel des choses ! Tous les maux actuel de votre société sont dus à l'ignorance continuelle que font vos différents politiques égoïstes qui profitent de cette ignorance de masse. Toi-même regarde si tout le monde connaissait l'importance de la nature non seulement pour lui mais pour tout le monde penses-tu qu'il y aura des bouleversements climatiques ? Car ce respect nous amènera à la protéger a la nettoyer mais si nous faisons ce que nous vous de cette nature en la salissant elle se nettoyer elle-même en entrainant des tremblements de terre des cyclones et autres. Soraya il est l'heure d'aller voir le guérisseur, Soraya se lève et prend la direction de la case du guérisseur pour ses médicaments ; arrivé il toqua la porte et entra le guérisseur lui fit savoir pour la raconter son histoire afin qu'elle puisse comprendre son vécu car lui aussi avait fait la grande ville mais à décider de rentré au village. Soraya je suis de naissance musulmane j'ai exercé cette religion sas cherché à connaitre son fondement et son but ultime comme presque tous les fidèles religieux. Au début avec la motivation et souvent les punitions des parents on se suivait pour aller à la prière, souvent quand jetais en colère contre un parent je sortais et sur le chemin je m'arrêtais en route ou je changeais de direction pour ne pas aller à la prière. J'avais remarqué certaines choses si un enfant refusait d'aller à la prière soit il se faisait bastonner soit on le corrompait avec quelque chose comme des bonbons ou des biscuits, ils conditionnaient l'enfant en bas âge pour le mettre dans une doctrine voulue dans la plus part des cas les parents sont ignorants car ils ont été eux aussi conditionné comme cela ce qui fait qu'ils ne trouvent pas cruel de conditionner leur propre enfants ou de les laisser conditionner par certains personnes qu'ils pensent être des envoyés de Dieu. Ils ont tous en tête une qu'ils font des actes divins et espèrent avoir des récompenses après leurs morts. Le gain facile de certaine choses soit on devient menteur, rien n'est facile dans cette vie il faut faire des travaux sur soit même et respecter certaines lois la plus part du temps négligé pour arriver à atteindre certains niveau de conscience et c'est via cela que nous allons arriver à être des divinités et pouvoir crée le paradis que nous avons tous le temps désiré. En conditionnant les enfants nous détruisons complètement leur vies car nous allons les inculqués ce qui n'a pas marché dans notre vie et ils n'auront pas la possibilité d'exploiter leur plein potentiel. Arrivé à certain moment de ma vie ces conditionnements étaient de trop. Entre treize et quatorze ans j'ai commencé à développer certains capacité psychologique que plus tard j'ai compris ce que c'était. Devenu rebelle j'ai commencé à ne plus tenir en compte ce qu'on m'obligeais de faire et petit à petit mon degré d'amour grandissais envers les personnes avec qui jetais tous le temps (ami(es) et frères) et je n'arrivais pas à contrôler ce degré d'amour ce qui faisait que souvent ça se transformais en colère incontrôlé si je n'arrivais pas à les faire comprendre certaine choses ce qui faisait que certains personnes avaient peur de ma personne car je faisais certaines choses qu'ils trouvaient incompréhensible mais je gérais toujours la situations. Beaucoup de jeune sont dans ces genre de situations et s'ils n'arrivent pas à maitriser ces émotions ils tombent toujours au bas niveau ce qui fait qu'ils se donnent la mort car ils n'ont pas eu des personnes pour les épauler dans cette phase de leur vie d'autres se transforme en bandit adepte de la magie noir etc. tous simplement ils n'ont pas eu ce qu'ils voulaient de la société. Ont-ils raison ou pas ? La question se pose de mon point de vu ils ont raison mais ils n'ont seulement pas sue comment se faire entendre tous cela n'est pas leur problème car les individus se différencient en diverse forme nous sommes tous influencé par le nom et prénom date de naissance lieu de naissances la société et les parents qui nous ont mis au monde ce qui fait que nous n'avons pas la même capacité a surmonté certain problème. Considérer comme non pratiquant de la religion, il y a eu des personnes qui sont venues pour essayer de me mettre sur leur soit disant bonne voie. Ils venaient avec des propos suivants : tu auras tous ce que tu voudras dans le paradis si tu continues à venir à la prière, si tu ne le fais pas et que tu meurs tu entreras en enfer et tu auras les milles problèmes il y a des anges qi vont te bastonner il y'a le feu qui est un million de fois plus puissant que celle qui se trouve ici... La peur ne me faisais pas changer facilement d'avis ce qui était ma force. J'ai fait presque le catholicisme car j'accompagnais souvent des amis dans leur lieu de cultes et le protestantisme car j'avais une tante qui était dans cette religion. En classe de troisième j'ai compris une chose dans cette vie qui m'a beaucoup marqué une personne est capable de trahir et de mentir pour s'affirmé ou d'affirmer une idéologie j'étais avec ma grande mère qui me racontait beaucoup l'histoire de la famille et des ethnies avant son décès. Peu de temps après elle ma quitter sans pour autant me laisser car elle m'a toujours dis que l'homme a perdu sa valeur et cette perte pourra être nocif pour la nature si nous nous ressaisissons pas car la nature est devenu l'ennemie principal de l'homme. Apres son décès tellement mon amour pour elle était grande je percevais souvent des manifestations pour me prévenir de quelque chose au début je ne faisais pas attention mais au fur et à mesure que ça se répétai j'ai essayé à comprendre de quoi s'agissait-il. Plus tard en classe de terminal confronté à de nombreux problèmes qui ont mis ma morale plus bas dans ma vie c'est en ce moment que les interrogations ont commencer suis envouté ? Pourquoi tant d'échec dans une même classe ce qui n'était pas mon habitude car jais fait trois fois la terminal et c'est la troisième fois qui a été une réussite moi qui avait commencé à prier et a jeuner Dieu est-il fâcher contre moi ? Après plusieurs interrogation j'ai dit et si j'allai pour la première fois chez un marabout voir ce problème, cet idée rôdaient dans ma pensée je ne savais pas quoi faire lorsque un jour j'ai rencontré un vieux qui était considérée comme fou lors d'une fête il m'a raconté certaines chose qui était vrai sur la vie et sur ma vie ce n'est que plus tard j'ai fait des recherche pour comprendre car je n'étais pas rassurer il y'avais une force intérieure qui me disait d'aller plus loin dans mes recherches le vieux m'a dit de faire certains sacrifice et aumône que j'ai fait bien sûr. Plus tard le père souffrant d'après les dires avait été ensorceler par les membres de sa propre famille ce n'était pas des paroles qui allait me faire changer d'avis concernant sa maladie car j'avais besoin de preuve qui pouvais montrer qu'on pouvait ensorceler une personne facilement et surtout un fervent croyant comme lui qui ne manquait pas ses exigence de prière envers son Dieu et si c'était vrais son Dieu allait l'aider. Je me trompais totalement un mercredi à 2heures du matin de ma tante protestante m'appelle et me dit s'être tromper de numéro avant de me recoucher je me suis dit est-ce par erreur elle s'est tromper ? De toute façons demain je le saurai et en voulant fermer mes yeux quelque chose passait devant ma vision je me suis relever et comme si de rien n'était je me recouche pour me réveiller à 5h du matin afin de me préparer rejoindre l'école. Sortie de la chambre je vois mon oncle qui m'approche et me dis qu'il voulait me parler ce qui n'est pas d'habitude un autre signe. Je suis repartie dans la chambre en me posant la question à savoir ce qu'il allait me dire, venue me trouver dans ma chambre il m'annonce que la maladie de mon papa qui était son frère a fini de lui hotter la vie. Mon monde s'est effondré c'est là que débute mon éveille. Assis dos contre le lit je visualise tous les projets que j'avais voulue faire en silence à la fin de mon baccalauréat se dissiper dans le fin fond de la pensée. Je l'aimais profondément mais mon amour en son égare était caché car c'était difficile pour moi de le faire sortir au risque de ne pas pouvoir le contrôler et de crée d'autres ennuis et voilà que je vais plus pouvoir l'envoyer faire le pèlerinage li construire la villa que j'avais voulue qu'il construit pour nous etc. Ainsi va la vie et c'est une autre vie qui commence sans lui je me change et je vais chez mon oncle pour que nous parton en famille.

Arrivé là-bas c'est le début d'un film que je vais assister, les parents les amis les gens du village et les collègues du travail et certains fidèles religieux commencèrent à venir. Je suis allé m'assoir en regardant tous ce qui se passait et soudains j'assiste à une scène qui m'a vraiment marqué, j'ai vu trois personnes faire des incantations avant de rentrer dans la cours ils ne m'ont pas vue mais c'est après avoir fini qui m'ont vue j'ai fait comme si de rien n'était comme si j'avais rien vue, une avais même en sa possession une pommade qu'elle a utilisé pour se frotter le visage avant de rentrer dans la cours. C'est là que j'ai compris qu'il y'avais quelque chose qui tournait pas rond et j'ai commencé à me poser des questions en ce moment précis pour quel but ils faisaient ça ? J'ai commencé à douter sur le décès normal du vieux c'est là qu'un oncle venue du village est venue nous chercher moi et mes sœur pour nous amener chez notre tante protestante. En route il a dit qu'il y'avais des gens qui sont venus pleurer d'autre pour rire ou assister c'est là que j'ai compris effectivement que ce n'était pas quelque chose de naturel. Arriver chez ma tante je cherche une natte pour me reposer un peu et peu de temps après mes amis m'ont rejoint et on a causé un peu après mes questions renfaitent surface : pourquoi si ce n'étais pas une mort naturelle le dieu qu'il adorait jour et nuit et il nous forçait a adoré ne la pas protéger de ces ennemis pourquoi lui qui était si apprécié par beaucoup de personne à cause de ses bonnes actions et autres chose qu'il faisait pour satisfaire les autres aux détriments de sa propre famille, pourquoi lui les gens venaient vanter ses mérites la plus part du temps et c'est comme ça on le remercie ? Son dieu est-il juste ? Les questions se multiplient à tel point que je fini par m'endormir. Tu sais Soraya Apres les funérailles le film continu c'est la phase de la conquête religieuse des âmes en détresses. Ma tante protestante venue à la famille m'appelle pour me parler de certaines choses concernant le décès du vieux et affirme que ce n'étais pas naturelle car il y'a eu des combats spirituelles mais c'était trop tard que si le père avait pu aller dans leur église il pourrait être sauvé qu'elle est venu pour nous aider moi et mon frère et sœurs que si nous rentrons dans leur religions que nous allons voir des miracles dans nos vies deux jours après l'inhumation du père. C'est là que j'ai compris que nous pouvons être avec une personne des milliers d'année sans la connaitre vraiment j'ai dit au fond de moi que malgré tous les sacrifices que le père avait fait pour toi c'est comme ça tu le remercie quelque jours après son décès fallait laisser au mois que la douleur puisse se dissiper !! Vraiment c'est décourageant elle a fait d'autre chose plus horrible que ça que je ne vais pas prendre plus ton temps en te les disant Soraya Quelques jours plus tard après les funérailles je retourne continuer mes études tout en continuant a cherché les causes de la mort de mon père que plus tard j'ai su que c'était l'œuvre de certains membre de sa famille grâce aux écoutes involontaire de certains informations venant des concernés et de leur entourage proche comme si de rien n'était j'ai continué ma route tous en m'interrogeant sur le motif qui était insensé selon moi car il était partie au village pour résoudre un problème de terrain comme il était l'intellectuelle et la seul personne âgée de la famille qui pouvait passer par les procédure judiciaire d'appliquer la loi au sein de la famille. Mais hélas le justicier a touché la pierre qu'il ne fallait pas toucher. Les gens qui venaient disait de prendre dans le bon sens que c'était la volonté de dieu au fond de moi je disais quel dieu pouvait être plus cruel ainsi quelqu'un qui a passé toute sa vie pour te servir c'est comme ça tu le remercie ? Moi je ne servirai pas ce dieu les milliers de pensées affluaient ma tête durant cette période de ma vie. A la fin de l'année j'ai pu valider mon baccalauréat ce qui as été une joie au sein de ma famille de mes ami(es) mais personnellement c'était une libération de courte durée car il y'a un autre qui va commencer ma quête de la vérité. J'ai continué mes recherches durant des années et mon corps âmes et esprits commencèrent à être un et petit à petit

De la pauvreté à la richesse

j'ai commencé à développer certaines facultés ce qui mon beaucoup aider ma foi se renforçais sur ce long chemin que je me suis lancée les gens de mon entourages on commencer à me juger sans connaissance de cause mais je restais toujours sur ma fréquence sans essayer de me justifier sauf si on me pose une question sur une chose que je connais. J'ai rencontré mon défunt père à plusieurs reprise et il m'a beaucoup aidé et guider et montrer beaucoup de chose et grâce à ça j'ai pu connaitre certaines réalités voir différents plans et les esprits qui gouvernait ces plans etc. Rien n'est un hasard l'observation est la vois royale qui conduit à la compréhension, tous ce qui existe a forcément un double il y'aura des personnes qui contesterons ce fait mais chacun est libre d'avoir une pensée différente, ce qui fait la beauté de la vie. Ceux qui n'accepteront pas ce fait vont émettre une pensée contraire c'est la doublure. Nous pouvons prendre comme exemple l'homme et la femme le mal et la femelle le blanc et le noir le bien et le mal, le physique et le subtils etc. c'est la conception normal de la nature et du cosmos tous ce qui existe a forcément une doublure et tous sont à la base de l'énergie qui aussi va du moins pur au plus pur. Ces énergies ont leurs propres fréquences et sont reparties en fonctions d'une échelle de moins infini hertz à plus infini hertz. Dans cette intervalle tous ce qui existe à sa propre fréquence a elle c'est-à-dire le ben qui est la doublure du mal à sa propre fréquence et le mal aussi a sa propre fréquence et peuvent varier en fonction de leur l'intensité du bon au plus bon du mal au plus mal. Il n'a rien de crée sans l'énergie que ce soit sur notre galaxie ou sur les autre galaxies et ces énergies peuvent se fusionner s'ils sont de même nature et peuvent aussi se transformer pour donner une autre chose mais garde leur nature d'origine comme exemple l'eau à la capacité de se transformé en glace mais garde sa nature d'origine elle a seulement changé de fréquence ce qui fait quand nous la laissons quelque heures plus tard dans son milieu naturel elle reprend son état initiale. L'être humain aussi est capable de changer de fréquence car lui aussi est formé d'énergie, il peut être heureux ou malheureux cela peut s'expliquer par plusieurs faits. D'où venons-nous ? Tu peux avoir ton point de vu comme plusieurs cultures également du monde. La question se pose depuis des millénaires toujours sans réponse concret car jusqu'à présent nous supposons, les religions dites révéler affirme que l'homme est une copie de Dieu et la femme sa doublure qui est venue pour l'accompagné eux tous furent chasser du jardin d'éden à cause d'une trahison de l'Homme envers son créateur et dans le même document il est écrit que le dieu est omniscient. Ce Dieu omniscient ne savait-il pas que sa copie allait lui trahir ? Ou bien c'est un jeu qu'il a créé pour un but précis. Dans certaines cultures africaine et asiatique l'homme provient de la création de certaines divinités qui étaient venues pur colonisé la planète. Venu de l'espace avec des vaisseaux leur but était d'exploiter les richesses que certains continents regorgeaient, c'est dans cette perspective que le roi des extra-terrestres ordonna la création de l'Homme dans ses laboratoires super avancés les premiers créations ont été des échecs mais avec plus de persévérance ils sont arrivé a créé des humanoïdes qui étaient grande de taille super fort pour des travaux d'exploitations minières. Des années se sont écoulés il a eu des métissages entre les extra-terrestres et leur création qui ont donné des humanoïdes plus intelligents que les précédents. Peu de temps après le royaume se divise à cause des mésententes entre deux princes extra-terrestres un se rallie du côté des humanoïdes et l'autre du côté de la royauté des combats éclatèrent entre eux ces êtres avaient de capacités surnaturel et étaient grande de taille ce qui faisait qu'ils sont surnommé les géants les humanoïdes qui venaient de l'union entre les extra-terrestres et leurs créations sont appeler mutants. Le combat va durer des années et sera destructrice à tel point que les dirigeants extra-terrestres vont juger nécessaire de repartir dans leurs galaxies. Deux forces qui appartenaient à une même source se sont opposé à la longue laquelle avait raison ? Si c'était l'histoire réelle ? Est-ce cette histoire qui a été redirigé au profit d'une force (celle des extra-terrestres qui sont repartie dans leur galaxie) par les religions dites révéler ? La question se pose chacun aura sa propre vérité au moment venu.

De la pauvreté à la richesse

Quand nous nous basons aussi sur l'histoire de certaine culture occidentale nous remarquons toujours cette similitude : « venu du ciel avec des vaisseaux les dieux se sont implantés sur notre planète ils ont fait des constructions immenses et des choses incroyables ce qui faisaient qu'ils étaient vénérer mais un jour un conflit entre deux fils de la déesse éclata celle-ci essaya de les ramener à l'ordre, malgré plusieurs tentative qui ont échouer ils décidèrent de repartir chez eux avec leur vaisseaux sans un des fils qui avait décider de se rallier au coter des humains » Mythe ou réalité la question se pose somme nous des créations d'extra-terrestre ? Venons-nous directement du royaume céleste comme enseigner par les religions dites révéler ? Ou il y'a une modification sur le cour de l'histoire pour satisfaire les intérêts égoïstes de certaines personne ! Avec le développement de la science nous savons qu'il est possible de créer des vies artificiellement et cloner mais compte tenu des interdictions les scientifiques se voient retirer l'autorisation de procéder à cela mais va t'il durée ? La théorie darwinienne selon laquelle l'homme vient de l'évolution des singes toutes espèces est capable d'évoluer en fonction des conditions de son environnement. Tous ces différentes thèses sur l'origine de l'homme, laquelle est la vraie ? Cette question continue de hanter nos esprits. Nous allons aborder une possible existence d'une divinité ou des divinités. C'est tous ces divergences qui amènent à douter sur l'existence de Dieu, Cette question se pose depuis des millénaires sur l'existence d'une potentielle divinité qui est à l'origine de tous sur cet univers. Est-ce une seule divinité ou des divinités ? Si nous sommes d'accord que toute conséquence dérive d'une cause et que nous sommes toute la conséquence d'une cause qui est la source de notre existence, nous pouvons affirmer en ce moment que nous avons un créateur ou des créateurs. Quel sont leurs identités ? Pouvons-nous dire qu'ils existent ? Malgré que nous les avons ni vue ni toucher à part quelques écrits de certains documents et les histoires de certains cultures! Où sont-ils ? Les questions restent sans réponse valable. Notre créateur est-il unique ? Il y'a certains document et sages qui ont tenté d'expliquer sont unicité, d'après les écrits de ces documents et autre il est unique omniscient omnipotent omniprésent il est un Dieu bon et jaloux qui peut être méchant et clément, un Dieu qui pardonne et est assis sur son trône qui est entourer par les anges qui veillent aux différents travaux du royaume. La représentation du royaume de Dieu dans ces documents est le même que ici sur terre ? Et comment est pour les autres créatures qui sont dans d'autres galaxies ? Dieu a-t-il des émotions qui peuvent changer de fréquence du positive au négative ? Ou c'est juste une erreur due à sa personnification ? Dans ces mêmes documents il est écrit que tout mal vient du Satan mais pourquoi ce Dieu a la capacité de faire le mal ? Parce qu'il est le créateur de Satan ? Ou bien c'est toujours une erreur car on ne peut pas être une énergie pure et dans cette pureté retrouver une énergie impure. Dieu étant pur et sain son double étant Satan l'opposé de la pureté forme une unité dans ces documents et c'est cette unité qui est appeler Dieu est vénérer par un maximum de personne qui ignore cette réalité. Dans certaine culture il existe une hiérarchisation des divinités et répartie en fonction de leur domaine d'activité. C'est-à-dire qu'il existe plusieurs dieux qui sont sous la gouvernance d'un Dieu suprême. On peut citer le dieu du soleil de la lune de la pluie etc. chaque dieu a un culte spécifique à elle pour bénéficier des faveurs de celui-ci, le culte du dieu soleil n'est pas le même que celui du Dieu de la pluie et vice versa. Et ils sont aussi différents en fonctions des cultures, pourquoi le Dieu suprême aurait besoin des autres dieux pour des taches que lui-même il peut le faire facilement ? La question se pose aussi. Les informations que je vais te donner ici tu es libre de faire ton choix. Il fait savoir l'énergie a été à la base de toute choses les scientifiques ont parlé du bigbang qui est une explosion énergétique qui as donné naissance à tous (univers planètes etc.) Il faut d'abord comprendre le concept énergétique avant de chercher à dire des choses ou à juger sans connaissance, l'homme a été créé à l'image de Dieu et par lui-même mais si nous sommes à l'image de Dieu nous devons être capable de le voir et de le toucher mais si cela est impossible il faut abandonner cette thèse et se focalisé sur une qui peut nous apporter un peu de de justesse. Et cette justesse ne se trouve nulle part qu'en nous si réellement nus avons été fait en son image nous avons une partie de lui en nous ou lui-même en nous ce qui explique son omniprésence car il est en moi en toi en tout le monde et partout dans la nature. Dieu est omnipotent c'est-à-dire super puissant effectivement c'est une vérité car nous ne pouvons pas déterminer la limite de sa puissance. Dieu est omniscient c'est-à-dire le super sage de tous mais ce que certains document nous ont montré la sagesse de Dieu est limité car il a été trahit par ses créatures un super sage ne commettra jamais cette erreur de crée des créatures qui vont le trahir à la suite cela est une imperfection à la création seul les créatures possédants les deux énergies du positive et du négative sont capable de faire des créations imparfaites si on se focalise sur ces faits on peut donc dire que ce Dieu de ces documents n'est pas le Dieu qui est à l'origine de la création. Il faut savoir que tous dans cette univers possède une intelligence propre à elle et cette intelligence gouverné par une ou plusieurs entités spécifique que nous appelons anges, archange ou dieu etc. ces entités aussi ont leurs doubles comme je le disais la partie de dualité l'énergie a la base de la création qui est appeler par tous Dieu a son double qui est son opposer que les gens nommes Satan. L'énergie de Dieu est infiniment positive et celui de son double Satan est infiniment négative, il faut savoir que nous possédons en nous ces deux qualités d'énergies (le positive et la négative). Je vais bien détailler à la suite. Le monde est divisé en deux pôles le pole négative et le pole positive ces deux pôles sont éloignés l'un de l'autre par une infinité de fréquence vibratoire, le pole négative commence de moins infini et s'annule à la fréquence normal qui est l'équilibre des deux pôles le pole positive qui commence à la fréquence d'équilibre jusqu'à plus infini et ces deux pôles sont organiser par des intelligences spécifique qui sont gouverner par des entités souvent appeler ange démon djinn etc. il y'a aussi entités qui sont là pour le maintien de l'équilibre des planètes ceux de la terre sont nombreuse mais les principaux qui gouvernent l'eau l'air ,le feu et la terre sont : les ondines, elfes, salamandre, gnomes etc. Dans certaines cultures on les appelle les dieux du vent, de l'eau, du feu et de la terre ce qui peut être, peut expliquer la pluralité de dieu. On peut donc voir que certaines cultures africaines et orientales dérivent de ces divinités ce qui leur donne la maitrise de ces élémentaux. Selon certaines personne et croyances ils auraient fait un pacte avec ces dieux pour bénéficier de leur aide et cela est entièrement satanique. Est-ce la vérité ? Le pacte n'est pas satanique car c'est l'entité, la personne ou l'élémental à laquelle nous lions le pacte qui peut être bénéfique ou maléfique. Si nous décidons de prendre position par rapport à quelque chose nous faisons un pacte et toutes les décisions que nous prendrons nous devons assumer l'entière responsabilité car les conséquences qui résulteront de ces décisions prise auront forcement des impacts. C'est l'entité auquel nous faisons le pacte qui est un problème car s'il vient du pole satanique il y'aura toujours des répercutions s'il vient du pole divine il y'aura aussi des répercutions car toutes causes produits des effets et la nature de ces effets dépendra de la nature de la cause. Les pactes avec les entités de la nature comme avec les deux infinités se font jour et nuit mais malheureusement la plus part des personnes qui le font sont des amateurs et des ignorant dans ce domaine et ceux qui les font en générale ces pactes ont toujours un intérêt égoïste derrière la tête c'est pourquoi il est enseigner d'avoir un certain niveau d'évolution spirituelle avant de voir si ça sera important de le faire. En général les personnes qui le font possèdent une source énergétique ou égrégore lié à une entité que ce soit les religions ou les personnes qui opèrent dans le domaine occulte d'autre vont le nié mais c'est leur libre arbitre, ces personne ou ces religions ont besoins de ces égrégores pour avoir un certains puissance afin de mener certains actions dans le monde physique, pour maintenir ou augmenter les énergies de ces égrégores les religions ont besoins de plus de fidèles dans les lieux de cultes les personne occultes tel que féticheurs ou autre ont besoins de sang animal ou autre pour apporter de l'anergie à leur égrégores afin de mener aussi leur activité. Est-ce des actes positifs ou négatifs ? Tout dépend de l'intention primaire qui été utilisé afin de donner vie à l'égrégore et l'entité à laquelle il sera lié. Le monde est sur cette lancée depuis des années. Dieu est une entité assis sur son trône et entourer par ses anges comme le fait croire certaines doctrine ou il est une énergie que nous pouvons que nous pouvons nous lié complètement si nous acceptons d'évoluer normalement ? La réponse est en chacun de nous c'est à nous de le chercher car la vie est individuel et c'est cette individualité qui nous permettra d'atteindre notre plein potentiel. Si nous acceptons de prendre le chemin de Dieu qui est anergie nous devons adapter notre corps à corps à la haute fréquence vibratoire positive car ces cela qui nous permettra de gravir les dimensions pour être un et un avec lui cela n'est pas compliqué c'est juste une détermination. La plus part d'entre nous ne contrôle pas ce qu'ils émettent comme pensée, la parole, les actions etc. ils ont tous un effet sur nous c'est une loi cosmique la loi de cause à effet. Il fait savoir que le corps humain est un émetteur et récepteur d'ondes qui sont en quelque sorte de l'énergie grâce à une intelligence propre à elle, chaque cellule du corps a une fonction spécifique et a sa propre nature a elle dû aux ADN parentales et autre ce qui fait que le greffage d'organe cause souvent de nombreux problèmes ;les cellules du corps créent des énergies voulues et se laisse aussi traverser par des énergies ou peuvent se synchroniser par des fréquences énergétiques. Soraya je dois aller en brousse reviens plus tard pour que nous continuons, Soraya pris ses médicament et ressort contente de ce que le guérisseur venait de lui dire.

Pendant ce temps a Rican Ussa venait d'arriver chez Julie elle aida Julie à faire son lit pour qu'elle puisse se reposer elle avait remarqué que Julie faisait tout son possible pour pas montré sa fatigue, de l'autre côté Abdi et Adou discutaient dans le salon Tifa était dans la cuisine pour faire un peu de nettoyage afin de faire la cuisine. Quelques minutes plus tard sa sœur est venue lui apporter son aide car à elle seule les tâches étaient nombreuses, elle continuaient les travaux en discutant de la situation actuelle de Julie , Ussa voulait comprendre en détail ce qui c'était réellement passé pendant l'opération et qui avait changer radicalement Julie, elle demanda à sa grande sœur qui ne trouvait aucune explication pour la faire comprendre elle aussi était surprise comme tout le monde du changement brusque de son état elle lui conseilla de demandé à Adou qui pouvait trouver une explication comme lui il aimait toujours fouiller partout pour raviver son intellect. Les deux sœurs continuaient leur travaux tous en discutant. Quelques heures plus tard le dîner était prêt Ussa sorti pour aller informer Julie la trouva déjà prête pour descendre elle lui demanda les cause de son changement Julie la regarde et souri en la disant qu'elle n'avait pas changer mais qu'elle a mûrit elle ajouta ensuite que tout le monde la voie différemment actuellement c'est parce qu'elle n'est plus dans ce système d'ignorance commune c'est pourquoi elle voyait et comprenait certaines choses qui étaient cachés par la majorité elle conclura ensuite en la disant de réfléchir sur ce qu'elle venait de dire à travers ses mots et que après le dîner il y'aura une discussion qui la permettra de connaitre le message s'est voulais faire passer., Tifa commença a préparé la table à manger pendant que Julie et Ussa descendaient les marchés de l'escalier pour venir à table. Peu de temps après tout le monde prenait une place Tifa commença à servir, quand elle finit de se servir elle s'assoit, Abdi prend sa cuillère et voulais commencer à manger lorsqu'il se rend compte qu'il était le seul à le faire les autres fixaient Julie qui avait fermé les yeux en Formulant de phrases, après elle ouvre les yeux et dit : <<. Que les particules de vie présentes dans ces aliments puissent vivifier les cellules de notre physique. Vous pouvez manger>>. Personne a part elle n'à commencer a mangé ensuite Ussa et Tifa, les deux hommes étaient assis a analysé la situation sans dire mot. Quand elle finit de manger elle fixa Abdi et lui dis de laisser passer les imagination qui viennent en Lui car elle risqueront d'impacter ses analyses, elle dis ensuite à Adou de s'éloigner de ses mémoires qui ne font que revenir à lui à chaque fois qu'il essaie de se souvenir de quelques chose elle conclut en disant que la nourriture en elle-même est une vie neutre dans laquelle il y'a des milliards de particules qui défilent dans une ordre Normal, ces particules ont une vibration qui peuvent être modifiés dans le sens positif que négatif cela est possible grâce à l'intention utiliser en leur sens c'est à dire que vous pouvez rendre les aliments bonne ou mauvaise pour vous-même en fonction de l'intention que tu formulera en son égard c'est pourquoi l'orque j'allais commencer à manger j'ai remercié les particules qui constituaient ce repas et aussi la personne qui a utilisé son amour pour que ce mélange puisse nous apporter l'énergie nécessaire à notre évolution. Ils ont été surpris parce que personne 'e l'avais jamais vu faire ces genre de chose c'est par qu'elle était ignorante tout comme eux avant que cette expérience vécu dans la salle d'opération est venue changer ses perceptions sur la vie. Pendant ce temps à Kina les résultats finaux sur les tests ADN venaient de tombé, Tigui ne faisait pas partie des calcinés ni parmi les corps retrouvés dans les fosses communes, la question qui se pose actuellement était de savoir où il était ? Les autorités chargé des recherches l'on classé Parmi les portés disparus. Les institutions se remettaient peu à peu en place, la pandémie de la grippe rouge avait été oublié à cause des problèmes rencontrés ces deux derniers mois la population arrivait à vaqué à leur occupation malgré l'instabilité qui régnait toujours. En effet les tentatives de déstabilisation se faisaient sentir depuis que le président Thor avait commencé sa chasse au traître du pays ce qui s'était soldé par l'arrestation de plusieurs généraux, les menaces ne venaient pas uniquement de l'intérieur mais également de l'extérieur à tel point que certains chefs d'états se réunissaient afin de protéger leur fauteuil présidentiel et de trouver une solution aux problèmes des coups d'État qui se multipliaient. Étant le seul opposant de la République de Ranf Thor était devenue une menace pour cet état car selon les recherches et les témoignages de certains autorités, Ranf était à la base de la déstabilisation de certains pays de la sous-région, il défendait leurs intérêts cachés depuis des années il recrutait et formait des mercenaires qui seront envoyés pour déstabiliser un état qui refusait de leur prêter allégeance ou devenait des pompiers pyromane. En effet les pays comme Kina Gonan et Nité regorgent d'importante richesse en or, diamant, pétrole, uranium etc. Mais n'avaient pas de moyens pour exploiter afin d'apporter un développement à leurs états qui enregistrent les plus importants taux de pauvretés dans le monde, la mauvaise gouvernance et les intérêts égoïstes de certains élites de ces différentes pays amène les états impérialiste comme cela de Ranf à s'approvisionner impunément les richesses de ses pays. Parmi ces états sous domination ils y'a certaines qui sont capable de traiter avec les dirigeants de Ranf pour abriter les mercenaires qui prendront l'allure terrorisme ou rebelles afin de déstabiliser un état voisin en oubliant que le balai qui sera utilisé pour balayer la maison du voisin pourrai être utilisé pour balayer sa propre maison c'est ainsi que c'est différents états se trahissaient c'est ainsi que la domination Ranfais s'est étendu des générations a génération. Thor devrait s'attaquer à tous ces problèmes pourrait-il ? La suite nous réservera trop de surprise.

Conclusion partielle

En définitive la vie que nous menons est un cadeau personnel et non collectif nous devons apprendre a apprécié cette vie malgré les situations que nous allons rencontrer, il faudra être juste et humble dans tous ce que nous allons faire, nous sommes les seuls responsables de ce qui nous arrive il faudra donc accepter ce fait. L'univers nous enseignent a chaque moment nous devons être attentif pour pouvoir desceller les secrets qui y sont cacher. Si le train a vu naissance grâce au déplacement du serpent et l'avion grâce aux oiseaux nous nous pouvons aussi via ces secret vivre la vie de nos rêve et non celle que les autres voudrions pour nous.

Printed by Books on Demand GmbH, Norderstedt / Germany